なぜあの企業が選ばれ、
利益を上げているのか？

STRATEGIC LOGISTICS

顧客をつかむ
戦略物流

角井亮一
株式会社イー・ロジット代表

日本実業出版社

なぜ、物流で顧客をつかめるのか？——はじめに

本書を手に取っていただき、ありがとうございます。

きっと、『顧客をつかむ戦略物流』というタイトルが気になったのだと思います。

なぜ、物流で顧客をつかめるのか？

顧客をつかむとは、どういうことなのか？

「物流は『コスト』であり、最小化（ミニマイズ）することに尽きる」と、多くの人が考えています。しかし、現実は、そうではありません。

物流が「プロフィット＝利益」を生むものだと考える経営者がいる会社は、競争に強いだけでなく、大きく成長するポテンシャルがあります。

物流によって「コンビニエンス（利便性）」を作る

物流を「利益」を生むものとして機能させるには、物流によって「コンビニエンス（利便性）」を作ることが欠かせません。

オフィスグリコで商品を買う人は、ビルの3階以上で勤務する人だそうです。1階、2階で働く人は、エレベーターを使うことなくコンビニに行けます。3階以上で働く人は、わざわざエレベーターを使ってコンビニに行くよりも、すぐそこにある、オフィスグリコで買うほうが手軽で便利です。コンビニよりもオフィスグリコのほうが利便性で顧客をつかんでいるといえます。

別の例でいえば、現在、サントリーホールディングス社長の新浪剛史さんが、ローソンの社長を務めていたときに、こう話していました。

「コンビニより、アマゾンのほうがコンビニエンスではないか」

朝起きてパジャマのままで行けないコンビニよりも、宅配で受け取れるアマゾンのほうが便利だというわけです。その危機感から、コンビニエンスをより高めるために、生鮮食品を、ローソン店舗に置いたとも話していました。

顧客（消費者）が欲しい商品を、利便性の高い近くに置く。

物流によってコンビニエンスを実現すれば、おのずと顧客はつかめます。

これはBtoCに限った話ではなく、BtoBも同様です。

メーカーは、日々の製品の生産に必要な部材がないと、大変な事態になります。最近では、半導体不足が発生し、車や精密機器の納期が大きく遅れたことは記憶に新しいところです。しかも、メーカーは、在庫をミニマイズして、現金を確保しようとするキャッシュ・マネジメントを強化していますから、製造を開始する時間に合わせて、部材を持ってきてほしいというジャストインタイムを要望します。

したがって、正確な数量の、正確な商品を、正確な場所に、正確な時間で、納品することが不可欠です。しかも、発注リードタイムが短いと、なおさら、重宝されます。

一方で、10アイテム中、1アイテムでも欠品があれば、「この会社は、ダメだ」とレッテルを貼られてしまうでしょう。他社には10アイテムすべての在庫があるとわかれば、「この会社に取引先を変更しよう」という判断につながります。他社よりも正確に、早く、確実に、納品してくれる会社は、取引相手から信頼され、他社に変更しようという気にもさせません。これも物流によってコンビニエンスを作っているからです。

物流は「ボディーブロー」

物流を、ボクシングでたとえるなら、ボディーブローだといえます。

物流は、華々しい一発KOのストレートでなく、何発も重ねて相手を崩すボディーブローです。確実に、競合企業にダメージを与え、倒します。

物流パーソンの仕事は、華々しくはありません。はっきりいえば地味です。でも、その物流パーソンの地味な仕事は、競合をじわじわやっつけるのです。

こうした勝ち方もかっこよくないでしょうか？　スポットライトに当たることは少ないかもしれませんが、その会社の競争優位を築き、屋台骨を支えているのです。

もちろん、物流パーソンがスポットライトを浴びる会社もあります。

その一番手は、世界最大の小売業のウォールマートでしょう。同社では、歴代の社長の半数以上が物流部門の出身者です。元CEOのダグ・マクミロンは、物流部門からウォルマートでのキャリアを作りました。また、CEOとしての初仕事は、トラックの横乗りを半日行なうことだったそうです。ウォルマートは、物流を一番大事だと思っていることを表しています。

「アマゾンは、物流会社だ」といったアマゾン創業者のジェフ・ベゾスは、2001年になっても、繁忙期に、物流センターに手伝いに行っていたそうです。また、アマゾンが買収した靴ECの「ザッポス」では、物流センターで働く人を、「ヒーロー（HERO）」と称えていました。

本書を執筆した目的は、「物流は『コスト』であり、最小化することに尽きる」という考えから、「物流は『プロフィット＝利益』を生むものだ」という考えにシフトし、本書で紹介する戦略・戦術を実践していただくことにあります。

本書が物流にスポットライトを当てる人や企業が増える一助になれば幸いです。

2023年12月

著者　角井亮一

『顧客をつかむ戦略物流』もくじ

第2章

「ドミナント戦略」による差別化

第3章 「スピード」による差別化戦略

第4章
「品揃え」による差別化戦略

第5章

「サステナビリティ」を考えた差別化戦略

ブックデザイン　山之口正和・齋藤友貴（OKIKATA）
DTP　一企画

第1章

戦略物流とは何か？

物流が企業成長の鍵を握る

米国における物流に対する考え方

1900年代の米国のマーケティング思想のなかで初めて「**物流**（当時、物的流通。Physical Distribution)」という言葉がでてきたといわれています。その後、1910年代に、企業経営活動のひとつである流通活動の構成要素として物的流通が重要だといわれ始めました。物的流通とは、いままでは、販売だけが重視されていましたが、販売だけでなく、物の保管や移動も考えないといけないという考え方です。

かつて、日本でも経営の神様として尊敬され、有名なピーター・ドラッカーが、物流を「経済の暗黒大陸」「ビジネスでの未開拓領域」「最も軽視され最も約束されるビジネス領域」「企業がいまなお効率的な活用法を考えるエリア」だと名付けたのは有名です。

ドラッカーは１９６２年に雑誌『フォーチュン』で書いた記事「The economy's dark continent」で、米国の消費者が払う１ドルのうち半分の50セントは物流コストだとしています。しかし、当時はまだ、物流は製品を移動するだけの機能としてしか考えられておらず、物流コストを正確に把握することは難しいとも指摘しています。

また、ドラッカーの記事以降、ビジネスロジスティクスやディストリビューション（流通）について研究されるようになりました。あるロジスティクス研究の教授は、ドラッカーが、この研究領域を作ったといっているくらいです。

戦争におけるロジスティクスの重要性

第二次世界大戦は、物流（兵站《へいたん》）の役割の重要性を世の中に広めました。それまでの戦争は、戦場での兵力や装備（兵器）が重視されていましたが、第二次世界大戦では、武器弾薬だけでなく、食料品や趣味嗜好品などを、戦場までいかに届けるかが、勝敗を左右しました。日本軍は、この兵站を軽視したために、多くの命を失い、戦争に負けるにまで至ったのです。また、海外からの物資を運ぶ運搬船の警護を怠ったため、運搬船がほぼ全滅し、日本国内では、物資不足に喘《あえ》いだという歴史の事実もあります。

中国の歴史に、「泣いて馬謖《ばしょく》を斬る」という有名な言葉があります。これは、有名な参謀である諸葛亮（孔明）が、兵站（ロジスティクス）を無視した戦いを仕掛けた、かわいい部下の馬謖を斬ったという話です。馬謖は、「あの山には決して登るな」という諸葛亮の指示を無視し、その山に登り、陣を張り、敵に兵站を絶たれて、苦境に立たされました。そのような指揮をした馬謖を、諸葛亮が切ったのです。

兵站が切られると、食料品が途絶え、兵隊の士気も下がります。そして、大敗を喫してしまうのです。諸葛亮は、兵站（ロジスティクス）を重視した軍師でした。

日本における物流の概念

日本において物流の概念が広まったのは、1960年半ばといわれています。

江戸時代より水運で物を輸送していた日本は、1950年代頃までは陸路は未発達でした。道路も未舗装でガタガタだったため、物を運ぶ際、日数もかかり、物の破損も多く起こっていました。1950年代に、日本政府は、アメリカに視察団を送り、インフラ整備、輸送・保管機能の重要性を学び、いまでいう物流インフラの拡充の必要性に気づきました。

1970年くらいから、会社名を「○○物流」とする会社が増えてきたのと一致します。

私の父親が光輝《こうき》物流を創業したのは、１９７３年でした。

高度経済成長期には、大量生産で、大ロットの物流が主流で、菅原文太さん主演の映画『トラック野郎』で見られるように、寝る間を惜しんで、トラックを運転するトラックドライバーは、高年収で、かっこいいといわれていました。

１９８０年代後半の日本は量から質の時代に転換し、現代につながる多品種小ロット生産の時代になりました。その結果、多頻度小口配送になり、同時に、売上全体に占める物流費比率が上がり、企業経営を圧迫し始めました。この時期に、企業内物流は、「個別最適」でなく「全体最適」が必要だといわれ始めました。

その後、１９９０年代には、世界各国との貿易も活発になり、全体コストの削減がより求められるようになりました。その結果、原材料の供給元のサプライヤーからメーカー、流通、販売業者までの自社を含む全過程を一気通貫で最も効率よく管理する「**サプライチェーンマネジメント（SCM）**」という概念および経営手法が大手メーカーを中心に広がり、従来の月次の計画よりも短い週次の計画を立案し、調達・生産・販売を、スムーズにムダなく行なう努力をしてきました。

このように、１９６０年代にドラッカーの指摘したビジネスの未開拓領域である物流にこそ経営資源を活用するチャンスが眠っていて、企業戦略に欠かせないものであることが、証明されてきています。

「暗黒大陸」と呼ばれた物流は、今後、ますます企業成長の鍵として新たな可能性を秘めています。次項で記載しますが、日本や世界の優良企業は、物流を戦略的にとらえ、機能させています。

優良企業は物流で利益を追求する

物流は「コストセンター」ではない

現在、日本や世界の優良企業は、物流を**「プロフィットセンター」**としてとらえています。「プロフィットセンター」とは、利益とコストを集計し、利益を生み出す部門をいいます。それに対となるのが**「コストセンター」**であり、利益は生み出さず、コストが集計される部門です。つまり、優良企業は、物流をコストではなく、利益を追求する部門とみなし、競争優位を築いています。

このように話すと、当然だと考える人もいますが、物流をコストセンターとしてとらえている、あるいはプロフィットセンターに移行したいがどうすればよいかわからないと悩む人も多く、よく相談を受けます。

物流を取り巻く環境は急激に変化しています。コロナ禍によるEC物流の拡大、日本における人口減少、人手不足、自然災害、そして多様化する消費者ニーズによる物流サービスの高度化など、その要因は枚挙にいとまがありません。物流の重要性は増し、企業の経営活動における物流の位置付けも従来の「コストセンター」だけでなく、同時に「プロフィットセンター」としての位置付けも確立しないといけない時代になりました。

物流を「プロフィットセンター」化する

では、プロフィットセンターのポジションを確立するためには、どうすればよいのでしょうか？

たとえば、アマゾンでは、当日配送サービスを提供しており、確実にエンドユーザーに届けるための物流構築を完成させ、他社との差別化をしています。ユーザーは欲しい商品がすぐに手に入るためアマゾンをリピート利用します。これは一回の売上ではなく、LTV（顧客生涯価値ある顧客が自社と取引を開始してから終了するまでの期間にどれだけの利益をもたらしてくれるかを表す指標）やリピート率、顧客満足度を重視し企業の長期利益を考えたもので、まさにプロフィットセンターといえるでしょう。

■ 物流をプロフィットセンター化するには？

物流思考	戦略物流思考
• 物流の機能・部署の部分最適	• 企業戦略・ビジネスモデルからの全体最適
• コスト削減・効率化などによる生産性向上	• ユーザーのニーズに応え、LTV（顧客生涯価値）向上
• 生産性を向上させる	• 物流を企業戦略としてとらえ会社の競争力を高める

2つの考えを同時に実現してこそ、
顧客をつかみ、競争優位を築くことができる

セブン‐イレブンは、出店攻勢をかける前に、物流拠点や弁当工場などの供給施設を作ります。通常であれば、コストのかかる施設は、出店が一定範囲で達成されたあとに開設しますが、その反対です。スムーズで欠品のない店作りを優先しているのです。

こうした展開は、物流部門だけでは実現できません。企業戦略に物流を取り入れ、他部署との連携など全体最適を考えるからこそ実現できることです。物流を、単体の部署や機能の部分最適だけで考える時代は終わりを迎えています。他部門とも密につながり、さらには、ビジネスモデルを成り立たせることの重要性が高まっているのです。品質や顧客満足度の向上、多品種少量の高速回転での製造・消費など、物流の役割が多岐にわたるいま、生産性向上を重視するコストセンターの強化に加えて、会社の競争力を高めるプロフィットセンター化も同時に達成しないといけません。

「物流思考」に「戦略物流思考」を加える

「物流」を部分最適するだけでは限界がある

物流をプロフィットセンターとして機能させるためには、物流を「**物流思考**」と「**戦略物流思考**」という概念でとらえる必要があります。「物流思考と戦略物流思考のどちらが重要か」と考えるのはナンセンスで、物流思考に戦略物流思考も加えて考えることが重要です。

物流思考は、物流とは作業であり、コストセンターであるという一般的な考え方です。つまり、「物流を生産性でとらえて、物流業務を行なう思考」といえます。

物流思考において、物流は生産性を上げてコストダウンをしようとします。コストダウ

■ 物流思考とは？

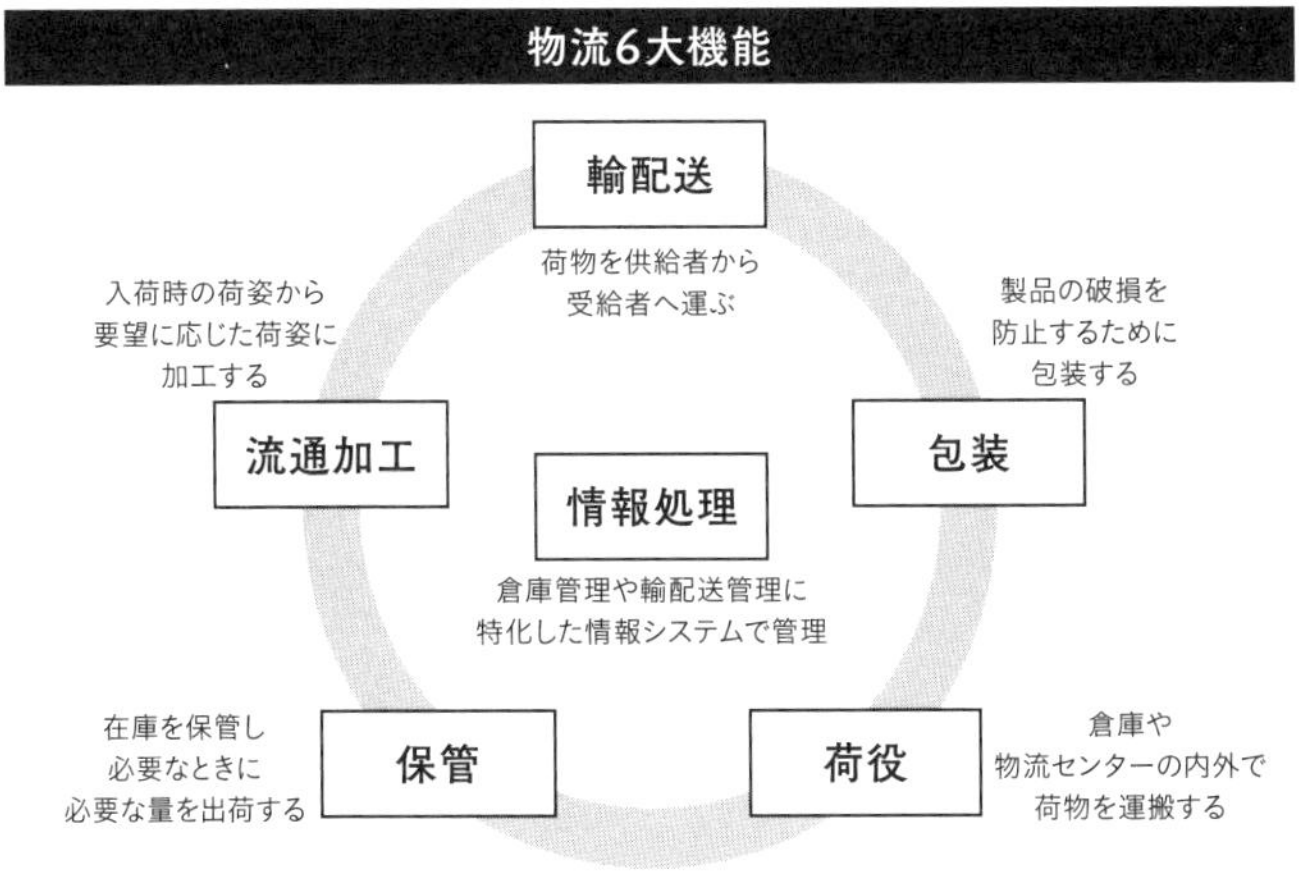
物流6大機能
輸配送
荷物を供給者から受給者へ運ぶ
包装
製品の破損を防止するために包装する
荷役
倉庫や物流センターの内外で荷物を運搬する
保管
在庫を保管し必要なときに必要な量を出荷する
流通加工
入荷時の荷姿から要望に応じた荷姿に加工する
情報処理
倉庫管理や輸配送管理に特化した情報システムで管理

物流6大機能のそれぞれを最適化して、
コスト削減・生産性の向上をめざす考え

ンを図る方法としては、物流の個別単価を下げることです。たとえば、ピック作業のムダをなくす、梱包工程を自動化する、運搬距離を短くするなどの「部分最適」の積み上げです。

物流には①輸配送、②保管、③包装、④荷役、⑤流通加工、⑥情報処理といった6つの機能があります。それぞれ簡単に説明しておきます。

①**輸配送**とは、荷物を供給者から需要者に移送する活動です。

②**保管**は、物流センターなど保管施設を使って、生産者と消費者の間の時間的な格差を調整する役割を担う活動です。

③**包装**は、お客様のもとに届けるために、製品が傷ついたり、壊れたりしないための包装をします。

④**荷役**は、倉庫や物流センターの内外で荷物を運搬する活動です。荷役には、荷揃え・積み付け／積卸し・運搬・保管（棚入れ）・仕分け・集荷の6つの作業があります。

⑤**流通加工**とは、値札付けや検針（針が入っていないかチェック）、袋詰めなど、商品に付加価値をつける作業です。入荷時の荷姿から要望に応じた荷姿へ変えていきます。

⑥**情報処理**とは、倉庫管理や、輸配送管理に特化した情報システム、または高度なマテハン機器を活用して、倉庫に入荷した商品がお客様のもとに届くまで、どこに商品があるかを管理する仕組みを作りあげています。

部分最適とはこれらの各機能の最適化を企業が図ることをいいます。このように物流思考は以前からある思考です。

しかし、現在では物流思考だけでは、企業間競争に勝てなくなっています。たとえば、経営トップや経営幹部がコストダウンの命令ばかりだと、物流担当者は、相見積もりをとったり下請け業者に掛け合ったりして何とかコストダウンを実現しようとします。現場でもコストが少しでも下がるように、各機能の工程を減らそうといった発想になります。しかし、こうした発想では大きな改革はできず、現場は常に仕事に追われモチベーションが低くなり、さらなるコストダウンは難しくなります。そこで、物流思考に加えて戦略物流思考の必要性が高まっているのです。

物流を企業戦略から全体最適する「戦略物流」

戦略物流思考は、「物流を戦略としてとらえ、企業戦略に合う物流戦略を組み立てる考え方」です。物流をプロフィットセンターとしてとらえ、物流コストをかけることで、商品単価を上げたり、販売量を増やしたりして売上向上につなげます。

具体的には、多くの一般的な企業では、店舗を作ってから、コストや納品スピードに問題が出てきて物流拠点を作ります。しかし、米国のウォルマートや、日本のセブン-イレブンは物流拠点を作ってから店舗を作ります。こうした発想は、物流思考だけでは不可能です。コストを考えると、物流センターを先に作ることはありえないからです。

そこに、戦略物流８大機能が必要となります。前述の物流６大機能に「管理」と「調整」の機能を追加したのが、戦略物流８大機能です。

管理とは、物流６大機能全体を管理します。管理することにより物流コストを計算して増減を把握し、理由を探求することでコストダウン、コントロールをしていきます。6大機能を見渡すことにより、倉庫は倉庫だけ、運送は運送だけといった相見積もりレベルでの業者変更にならないように倉庫拠点を持とうとか、配送方法を変えようといった発想につながります。

調整とは、物流に関わる部門の間をとりもって、調整する機能です。たとえば、製造部門がまとめて生産するのがコストが安いので受注生産にしたいと思っていても、営業部門にとっては、生産に時間がかかることで競合に顧客が行く可能性が生まれるので、受注生産は避けたいと思うでしょう。これを自社の戦略に沿ってどうすべきか、製造部門と営業部門の間を調整します。

戦略物流8大機能を駆使し、戦略物流思考を実現させていきます。

たとえば、カップラーメンの配送コスト効率を向上させる取り組みがありました。このとき、カップラーメンの形状を店頭での見映えのよい大きさからトラックに多くが積める小さな形に変えることによって、一度に運べる量が増え配送コストを減少させました。営業サイドは反発しましたが、物流コストを下げるべきという経営判断が働きました。こうした判断をするためには、全体最適の視点が必要になります。

■ 戦略物流思考とは?

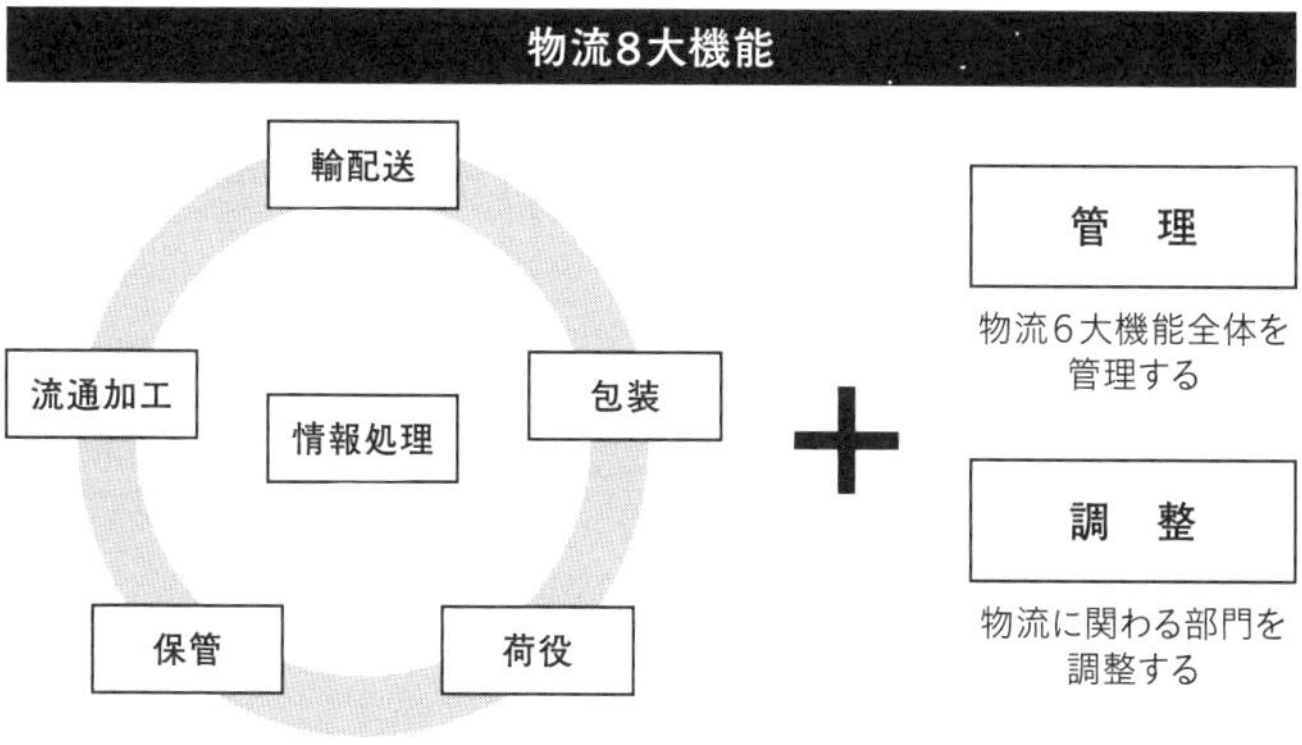

物流6大機能に「管理」「調整」を加えたもの。
物流8大機能を駆使して企業戦略

物流の6大機能のそれぞれを最適化する「部分最適」の考え

マクドナルドが、配送頻度を上げるという意思決定をしたことがあります。配送頻度を上げると、当然ながらコストアップになります。しかし、配送頻度を上げることによって店頭在庫の圧縮を実現できます。店舗にある冷蔵庫を減らしたぶんのスペースで店内の席数を増やし、売上を上げ、配送頻度アップの物流費増を吸収したのです。

米国のウォルマートや日本のセブン-イレブンが物流拠点を作ってから店舗を作るのは、店頭の欠品を極限にまで減らし、機会損失を防ぎ、商品の鮮度を上げることが実現できるからです。

しかし、これを実現するには、販売

戦略と物流戦略を同期させることが必要です。同期していないと、物流拠点をどこに作るのか、どの程度在庫を保管するのか、店舗在庫が欠品しないようなタイムリーな配送をどう計画するのか、などがわからず、物流センターを作ることはできません。

このように物流サービスのレベルの向上を考え全体最適をしていく発想が戦略物流思考です。

「戦略物流」と「ロジスティクス」はどう違うのか？

また、「**ロジスティクス**」という概念があります。戦略物流とロジスティクスは同じ概念だと思うかもしれませんが、実際には違います。

ロジスティクスは直訳すると「兵站」、つまり軍隊の戦闘力を維持または増力するために、物資（兵器、弾薬、燃料、食料）の補給を計画・実行するだけではなく、兵士の動員や治療、さらに施設の建設に関わる業務全般のことを指します。ポイントは、目的が「戦闘力の維持または増力」にあることです。企業でいえば、「原材料の調達から、完成品の配送、販売に至るまでの流れを効率的にする仕組み」だといえます。これが企業のロジスティクス（ビジネスロジスティクス）です。すなわち、ロジスティクスは調達から販売までのビジネスプロセスを最適化します。

対して戦略物流は、ビジネスプロセスの規定に左右されず自由に考えます。たとえば、アマゾンでは顧客中心主義をミッションに掲げ、顧客に早く届けることを柱に据えています（企業戦略）。そしてそれを遂行するために消費者の近くに物流センターを置く超消費立地型で配送ネットワークを組みます（物流戦略）。

つまり、ロジスティクスの目的が流れの行程（ビジネスプロセス）の全体最適化であるのに対し、戦略物流の目的は企業戦略の実現にあります。そのため、戦略物流を考えるときは、物流部門だけではなく、営業部門との連携が欠かせずマーケティングの要素も必要になってきます。このようにロジスティクスと戦略物流は異なる概念なのです。

マーケティングの4Pと4C

企業視点の「マーケティングの4P」

社会環境の変化、テクノロジーの進化、消費ニーズの多様化などにより、生活者と商品（物やサービス）の関係性は大きく変化してきました。その関係をスムーズにとりもつ役割を担ってきたのがマーケティングです。時代の変化により、マーケティングがかたちを変え、いまも進化を続けています。

たとえば手に入れられる商品、手に入れることのできる場所が限られていた時代。日本でいえば高度経済成長期になりますが、このころのマーケティングといえば「作られた商品をいかに売るか」というものでした。販売促進＝マーケティング、と位置付けられることも多く、売り手側、作り手側からの一方的なメッセージが、生活者と商品を結びつける役割を担っていました。

生産者視点のマーケティングです。これを実現する際に使われたのが「**マーケティングの4P**」。米国のマーケティング学者であるジェローム・マッカーシーが提唱したもので、「Product（製品）」、「Price（価格）」、「Promotion（広告含む販売促進策）」、「Place（流通）」の４つの手段を組み合わせることで、効果的なマーケティングが実現できると考えられました。それぞれの頭文字から「４Ｐ」と呼ばれるようになりました。

しかしながら、この４Ｐは「この商品はこういうふうに使ってもらいたい」、「その場合、どのくらいの価格なら購入してくれるだろうか」、「そのためにはどういう方法で伝えたらいいか（ＣＭを打つべきか、販促企画を展開するかなど）」、「どういうところ（個人店、チェーン店、専門店、通信販売など）で販売するのがいいか」といった発想にとどまることが多く、まだまだ、売る側、作る側からの見方や都合が中心になっていました。

消費者視点に立った発想「４Ｃ」

そこから少し時代が下り、生活者の生活レベルが上がり、商品の選択肢も増えてくると、マーケティングにも「いかにして（生活者に）選んでもらうか」という発想が持ち込まれるようになります。

消費者視点のマーケティングです。

同じ商品でも使われ方が違ったり、また同じような用途でも人によってはまったく別のものを選んだりする傾向が強まったことから、マスの集合としての消費者ではなく、個としての顧客にフォーカスしたマーケティングが求められるようになったのです。

そうした顧客目線での事業展開が重要視されるようになるとマーケットインの発想に注目が集まり、広告学者のロバート・ラウターボーンが1993年に消費者視点に立ったマーケティングの考え方として「**4C**」を提唱しました。

4つのCは、
・Customer Value（顧客価値）
・Customer Cost（顧客が支払う費用）
・Communication（コミュニケーション）
・Convenience（利便性）
を表しています。

それぞれ「4P」と対比して考えることができます。4PのProduct（製品）は4CではCustomer Value（顧客価値）、Price（価格）にはCustomer Cost（顧客が支払う費用）、Promotion（販

■ マーケティングの4Pと4C

4P		4C
企業視点		消費者視点
Product 製品	▶	Customer Value 顧客価値
Price 価格	▶	Customer Cost 顧客が支払う費用
Promotion 販売促進	▶	Comunication コミュニケーション
Place 流通	▶	Convenience 利便性

売促進）にはCommunication（コミュニケーション）、Place（流通経路）にはConvenience（利便性）がそれぞれあたります。

たとえば５００ミリリットルのペットボトル入りのお茶が１本１６０円だとして、ビジネスパーソンなら安く感じるかもしれませんが、お小遣いの限られる小学生の場合、そうそう買うことはできません。つまり、同じ価格（Price）でも、個々の顧客にとってはそれぞれコストの重み（Customer Cost）が違ってきます。

また、どれだけ広告を打ったり、販売促進策を実施したりしても、顧客に伝わらなければ（＝Communicationできていない状態）意味がありません。

４Ｃの最後のConvenience（利便性）が４

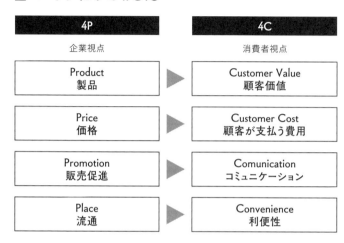

Pの流通経路（Place）につながりますが、特定の経路を指しているものではありません。顧客からすると、自分が買いたいときに買える場所にあればそれでよいということです。

身近な例でいえば、毎日通勤時にコンビニの前を通るから、昼のお弁当を買うためにそのコンビニに寄るのです。コンビニがなければ、少し遠回りしてお弁当屋さんに行くかもしれませんし、お昼のタイミングにオフィスの近所に出店するキッチンカーを利用するかもしれません。

また、仕事中に小腹を満たすスナック菓子を買うのに、いちいちコンビニまで買いに走らなくても、オフィスに自動販売機や無人店舗（スマホ決済で購入できる）などが設置してあればそれで充分事足りるかもしれません。コロナ禍前には、とくにビル内のオフィスで均一価格の商品（どれでも100円）が入ったお菓子箱が置かれているのをよく見かけましたが、これもオフィスで働く人に利便性を提供する流通経路と考えられます。

物流戦略の４Ｃ

顧客に利便性を提供する企業が選ばれる

マーケティングの４ＣにおけるConvenience（利便性）がより重要性を増しており、これいかんによって企業の競争優位に差が出るようになっています。

スマートフォンの普及、テクノロジーの発達に伴い、消費者行動が大きく変容しました。買い物がスマートフォンだけでいつでもどこでも完結できるようになり、また実店舗で現物を見て、ネットで価格やクチコミなどを比較してから注文するショールーミングも一般的になっています。また商品を受け取る方法も、時間枠指定、受け取り日時の変更、置き配、宅配便ロッカー、コンビニなど、受け取る人の都合によって「いつ、どこで受け取るか」を選べるようになりました。さらに、コロナ禍での行動制限により、ネットでの買い物する人が増え、利用の少なかった高齢者なども利用するようになり、客層も一気に広がりました。

こうした環境の変化をあげればキリがありませんが、ポイントは、消費者行動が大きく様変わりし、ますますの利便性を求めるようになり、商品を利便性とともに提供できる企業が選ばれているということです。

ますますの利便性を求める生活者のニーズに応えるには、企業戦略やビジネスモデルに合わせて、物流の仕組みをいかに構築するかにかかっています。

「物流戦略の4C」で誰でも物流戦略が立案できる

物流の重要性が高まっているにもかかわらず、マーケティングの4Pやマーケティングの4Cのように、物流戦略についてのフレームワークがありませんでした。

フレームワークがなかったために、物流戦略の検討と実行を円滑に進められなかったと私は考えました。

私自身、「新しいビジネスを始めたいので、物流をどうすればいいか教えてほしい」という問い合わせをよく受けます。問い合わせをしてくる人が物流の専門家でないこともあり、課題をうまく整理できていなかったり、全体感のない部分的すぎる質問になったりして、肝心なビジネスモデルの話にならずに的確なアドバイスができないケースがよくありました。

そこで、相談者自身が物流の課題を整理し、的確なアドバイスを得るために、私が試行錯誤しつつ考案したフレームワークが、**「物流戦略の４Ｃ」**です。

物流戦略の４Ｃを使えば、戦略物流を考えるうえで何をすべきかを可視化できます。物流が専門でない人でも、「どんな利便性を顧客に与え、どれくらいの時間と時間枠で届けるために、どんな方法を使い、どれくらいの優先度でコストを考えればいいのか？」を検討し、物流戦略を立案できるのが特長です。

物流戦略の４Ｃとは、

①Convenience（利便性）
②Constraint of time（制約・時間・リードタイム）
③Combination of method（手段の組み合わせ）

■ フレームワーク「物流戦略の4C」

物流戦略の4C

Convenience 利便性
Constraint of Time 制約・時間・リードタイム
Combination of Method 手段の組み合わせ
Cost コストの優先度

④Cost（コストの優先度）

という4つのCの頭文字をとったものです。

最初に、①Convenience（利便性）と②Constraint of time（制約・時間・リードタイム）の2つを考えます。これは、その企業の経営戦略に同期したものをあてはめるので、その企業の経営戦略によって、まったく違うものが入ってきます。

そして、③Combination of method（手段の組み合わせ）と④Cost（コストの優先度）を考えます。手段については、利便性と時間をどう考えるのかで、まったく違うものになってきます。そして、コストは、高低にとらわれずに、考え方を重視します。具体的は、「相対的に、何を優先するのか？」「コストが最優先なのか」、「コスト以上に重要なものがあるのか」などです。

ヨドバシ・ドット・コムで考えてみましょう。ヨドバシ・ドット・コムにはヨドバシエクストリームサービス便という自社配達サービスがあります。一部限定地域のサービスですが、当日配送可能で配達料金も無料です。しかも1品から配達可能で再配達にも対応しています。

このヨドバシ・ドット・コムを4Cにあてはめていくと、次のようになります。

①Convenience（利便性）
都市部に住む、忙しくて時間がない人に向けて、日用品から電化製品まで1品から配送可能で配達料金無料。店頭受取にも対応。

②Constraint of time（制約・時間・リードタイム）
最短2時間30分以内で配達。

③Combination of method（手段の組み合わせ）
大規模店舗を在庫拠点に活用。自社配送車両で配達。自前配達ネットワークを作り、配達密度を高める。

④Cost（コストの優先度）

自前配達ネットワークをプラットフォームとし、コストを固定的にする。

このように物流戦略の4Cを使って分析すれば、物流戦略が容易に立案でき、明文化できます。

また、社内の全メンバーが、全社の物流戦略を共通言語として認識することで、日々の業務でも意思決定にまつわる判断を間違えないという効果もあります。

さらに、自社の物流戦略を4Cにあてはめ、さらに競合会社の物流戦略の4Cを分析してみてください。経営戦略が違うはずなので、同じ4Cになることは決してありません。このフレームワークを活用して、自社のあるべき姿を定義し、徹底することで、競合に勝つチャンスは、確実に上がります。

「物流戦略の4C」について、さまざまな業種や規模の企業での社内研修や社会人向け大学院での講義をするなかで、物流先端企業ともいえる企業は共通項にあてはめて解説できることに気づきました。

そのパターンのなかでも最も重要な要素である「ドミナント戦略」「スピード」「品揃え」「サステナビリティ」について次章以降で解説していきます。

第2章

「ドミナント戦略」による差別化

物流を後回しにする企業は損をしている

長い間、物流を本業としない多くの企業では、主に取引先との間で必要になる物流機能は、利益を生まないコストとして考えられてきました。

しかし、日本経済の成長が鈍化する一方で、インターネットの普及によりネット通販市場が急拡大するなか、自社の物流機能をどう組み立てていくかによって、新たに競合企業との差別化を図れて、企業の競争力にも大きな差が生まれることが理解されるようになってきました。つまり、戦略物流の重要性が高まっているのです。

もし、社内の物流部門をいまだに単なる外部コストととらえ、他の部門から後回しにされるような社内体制の企業は、本業の事業展開において、間違いなく損をしているといえます。

「ドミナント戦略」で地域ナンバーワンの売上を確保する

では戦略物流を考えていくにあたって、まず、何から考えればいいのか。

そのひとつが「**ドミナント（dominant）戦略**」です。

たとえば、街中や繁華街を歩いていて、とくに、コンビニエンスストアやドラッグストア、コーヒーチェーンや居酒屋チェーン、クリーニングチェーンなどのように、どこもあまり変わりばえせず、商品やサービスにもあまり差がない店で、「ここにも、そこにも、またあそこにもある。どうしてなんだろう」と疑問に思ったことがある人は少なくないと思います。

そのとき、このお店（あるいはそのチェーン全体）に対して、どのような印象をもったでしょうか。

「たくさん出店しているということは、それだけ人気があるのかも。今度、利用してみよう」

「出社するときはこっちのA店、帰りは向こうのA店が使いやすそう」

「こっちが混んでいたら、向こうを利用すればいいか」
「同じお店（=同じ看板、屋号）だけど、それぞれ同じなのかな。店ごとに何か違うのだろうか」
「同じ店同士で、お客さんの取り合いにならないのだろうか。どちらかがなくなって不便にならないか心配」
「同じ業態・業種だけど、この地域にお店がたくさんあるところと、1店しかないところとでは、特別な違いがあるのだろうか」

プラス面もあれば、マイナス面もありそうですが、その店に対して何らかの印象をもつことは間違いありません。ドミナント戦略のねらいのひとつが、この点にあります。

英語のドミナント（dominant）には、「支配的、優位的」という意味があります。そのため、ビジネスの世界では「一定のエリアのなかで優位性、支配力をもつ」という意味で使われています。

つまり、ドミナント戦略とは、特定の地域に集中して出店して地域でナンバーワンの知名度・認知度を獲得し、その地域内でナンバーワンの売上を確保することを目的とする戦略です。

セブン‐イレブンの平均日販が高い理由

ドミナント戦略を打ち出す企業は珍しくありません。しかし、企業によってその取り組み方はさまざまです。

ドミナント戦略を有効に使って企業成長につなげている日本企業といえば、まずコンビニエンスストアをフランチャイズ（FC）展開するセブン‐イレブン・ジャパン（以下、セブン‐イレブン）があります。実はファミリーマートやローソンなど、他の大手コンビニチェーンと比べて店舗の展開エリアの拡大スピードがゆっくりしているのです（82ページで詳述）。

セブン‐イレブンは、いわずと知れた国内で2万店以上をFC展開するコンビニエンスストアナンバーワン企業。現在、同社をはじめ、大手コンビニチェーン3社はいずれも日本全国47都道府県に進出を果たしており、全国進出を果たした年と、その当時の展開店舗数を見ると、明らかな違いがわかります。

セブン‐イレブンが、沖縄県で出店し全国進出を果たしたのは2019年。そのころの店舗数はすでに2万店を超えていました。いちばん早いタイミングで全国進出を達成したのはローソン。1997年沖縄県への出店で全都道府県に店舗を展開することになり、当時の店舗数は6000店余りでした。ファミリーマートの場合は2006年。こちらは北海道が最後の進出エリアになりましたが、約1万2500店の規模がありました。

また、業態は違いますが、ドラッグストアチェーンのマツモトキヨシホールディングス（現マツキヨココカラ&カンパニー）が、和歌山県への出店で全都道府県に店舗展開を達成したのは2020年のことで、店舗数は1700店規模でした。

このことから、いかにセブン-イレブンが、ドミナント戦略を展開することにより、じっくりと店舗の出店エリアを広げてきたかがわかると思います。

ちなみに、現在の大手コンビニチェーン3社の国内店舗数と、1店舗当たりの平均日販（1日の売上高）は次のようになっています。

＊セブン-イレブン
・国内店舗数：2万1402店舗
・平均日販：67万円

＊ファミリーマート
・国内店舗数1万6533店舗

・平均日販53万４０００円

＊ローソン

・国内店舗数１万４６３１店舗

・平均日販52万２０００円

（いずれも、２０２３年２月期決算より）

見事なまでに、全国展開にじっくり時間をかけた順に、現在の店舗数、平均日販になっています。

シェアナンバーワンを目指すドラッグストア

急速に進む少子高齢化と人口減少により、いま、日本国内の小売市場は成長頭打ち状態に入っています。そのなかにあって、まだまだ成長を続けている市場がドラッグストアです。その大手チェーンのなかにも、ドミナン

■ 大手コンビニエンスストアチェーンの全国展開

	セブン-イレブン・ジャパン	ファミリーマート	ローソン
1号店出店	1974年 （東京都江東区豊洲）	1973年 （埼玉県所沢市）	1975年 （大阪府豊中市）
全都道府県出店 （当時の店舗数）	2019年・沖縄県 （2万店超）	2006年・北海道 （約1万2500店）	1997年・沖縄県 （6000〜7000店）
現在の店舗数 （2023年2月期末）	2万1402店	1万6533店	1万4631店
全店の平均日販 （2023年2月期末）	67万円	53万4000円	52万2000円

※各社IR資料よりイー・ロジット作成

全国展開にじっくり時間をかけた順に、現在の店舗数、平均日販が伸びている

ト戦略を打ち出し、成長を図っているところがあります。

創業は九州の宮崎県、九州エリアで圧倒的なシェアを誇るコスモス薬品は、大手食品スーパー顔負けの食品売上をあげているドラッグストアです。同社は成長戦略としてドミナント出店を掲げ、「自社競合もいとわない」勢いで東へ、東へと拡大を続けています。その勢力はいまや関東にも広がり始めています。

福井県・石川県を本拠に、岐阜県、愛知県、滋賀県へと南下を進めるGenky DrugStoresの場合は、「シェアナンバーワンになるまでは新規エリアに進出しない」という方針のもと、徹底した店舗運営の標準化と単純化、自前の物流センター構築を進め、どこの同社店舗を利用しても、生鮮品や総菜を含め、同じように買い物ができる店舗展開を図っています。

神奈川県で圧倒的シェアトップのクリエイトSDホールディングスでは、県内でのドミナント化を進めています。食品スーパーを子会社にもち、青果・精肉・鮮魚の生鮮三品も扱う同社ならではのドミナント展開にもチャレンジしています。

たとえば、ある私鉄駅から徒歩5分圏内に3店舗を展開していますが、それぞれの立地条件により、少しずつ店舗の機能に違いを設けています。線路沿いにあり、駅からすぐ目に入る店では、日用雑貨、医薬品、化粧品のほかに、加工食品、生鮮品にも力を入れています。同店とは駅の反対側にある店では、生鮮を扱わずに、調剤薬局を併設し、駅からいちばん離れた場所にある店の場合は、敷地に余裕があることから十分な駐車場スペースをとり、ストック用としてのまとめ買いが見込める冷凍食品を充実させています。こうした機能や品揃えの差別化により、同じクリエイトＳＤの３店舗を顧客が使い分けられるように利便性を高めています。

「まいばすけっと」は繁盛店をつくらない⁉

東京・神奈川を中心とした首都圏でミニスーパーを展開するイオングループの「まいばすけっと」もドミナント展開を武器に、店舗数を拡大しています。

「コンビニエンスストアの利便性」と「食品スーパーの安さ」を強みとして打ち出し、２０２２年には１０００店舗を達成しました。その後も、年間３ケタの出店を目標に出店を続けています。同社の場合も、東京・神奈川でのドミナント戦略が成長を支えており、ユニークなのが「繁盛店をつくらない」というポリシーをもっている点です。

なぜ、そうなるのかというと、先に取り上げたGenky Drugstores同様、オペレーションの標準化、マニュアル化の徹底による「仕組み」によって利益をあげる戦略をとっていることに加えて、同社の場合、一人の店長が必ず2店舗を任されているからです。２つの店舗は徒歩で移動できる距離にあり、従業員もかけもちが基本になっています。もしどちらかの店舗がものすごく売れる店になってしまうと、オペレーションの平準化が図れなくなり、2店舗を同じように運営することが難しくなります。それでは結果として2店舗ともに売上を落とすことになり、チェーン全体の成長にブレーキがかかってしまいます。

また居酒屋チェーンのなかにも、ユニークなドミナント戦略をとっているところがあります。

居酒屋店舗が複数入っているビルのなかには、同じチェーンで経営する別の屋号ブランドをもつ店舗が、フロアを違えて上下に入居していることがあります。ひとつの店が混んでいても、他の店舗に余裕があれば、そちらに送客できます。さらに、素材を共有できるメニューをつくっておけば、共同仕入れができますし、場合によっては、別フロアの店で調理したものをもっていくこともできます。あるいは忙しい時間帯での従業員の貸し借りも、同じチェーンであれば無理なく進められるでしょう。

弱者の武器としての「ドミナント戦略」

それから弱者の論理で進めるドミナント戦略もあります。

もうすでに商圏の中心には大型店が出店していて、それなりに繁盛しているとします。これからその市場に参入する場合、立地条件のよい場所に同じような規模の店を出店しようとしても、新たに顧客を獲得することは難しく、立地条件がよければ出店費用もかさみますから、まともに戦っていくことはできないでしょう。

しかし、最初から弱者の論理に立てば、勝機をつかむことも可能です。大型店と正面切って張り合うことはせず、たとえば大型店では行き届かないことを、ドミナント化により進めていく考え方です。

大型店は街の中心にあるわけですから、そこに行くまでには時間も手間もかかります。日常的に使うものが欲しくとも、その大型店をそうそう利用できるわけではありません。

そこで、街の中心街から少し離れた、住宅街からほど近いところに、日用品を中心に品揃えをした小型店を出店します。もちろん1店舗だけでは利用可能なお客さんは限られますが、大型店に行くより圧倒的に便利ですから「日用品はこの店で買おう」ということになるでしょう。この発想で中心街から同じような距離のところに店舗を出店し続けていけば、少なくとも日用品に関しては、大型店まで行かずとも、多くの人が手に入れられる買い物環境ができることになります。

もし、この街の中心に位置する大型店が、この市場環境や買い物行動の変化に気づかず、いままで同様のビジネスを続けていくとすれば、購入頻度の高い日用品の売上をどんどん落とし、やがて経営的にも窮地に陥る可能性が出てくるかもしれません。

現実にはなかなか想像しにくいことかもしれませんが、米国では現実のものとなり、そのことがきっかけとなって、世界最大の小売業が誕生することになりました。このことについては、74ページでくわしく紹介します。

ドミナント戦略のメリットとデメリット

ドミナント戦略のメソット

ここまでさまざまなドミナント戦略のケースを見てきました。あらためてドミナント戦略をとることによるメリットを整理しておきましょう。

ドミナント戦略のメリットとしては、次のことがあてはまると考えられています。

1. 少ないマーケティングコストで高い売上アップ効果が見込める

2. 納品が効率的になり、物流コストが下がる

3. 人員や商品在庫を融通できる

4. 競合の参入を防止できる

5. 共通資産（納品センター・製造工場・スーパーバイザーなど）を流用できる

それでは、それぞれについて、簡単に解説していきます。

1. 少ないマーケティングコストで高い売上アップ効果が見込める

ドミナントが確立されていれば、当然、その出店地域での認知度は圧倒的に高くなります。いわば「○○するなら、A店」という想起を獲得し、イチ推しの存在になっている状態です。

少なくともその地域に住んでいたり、仕事の関係で日中をその周辺で過ごす人にとって、A店は「そこにあって当たり前」、「日常的に商品を買ったり、サービスを利用する場所」として想起されるわけです。ですから、わざわざコストをかけて、お店の存在をリマインドするためのチラシの配布や、ウェブマーケティングによる需要喚起、専用アプリによるプッシュ通知などを利用しなくとも、十分な売上を見込めます。

2. 納品が効率的になり、物流コストが下がる

この説明に入る前に、戦略物流としての物流を考えるうえで、必要になる知識、理論を

■ リンクとノード

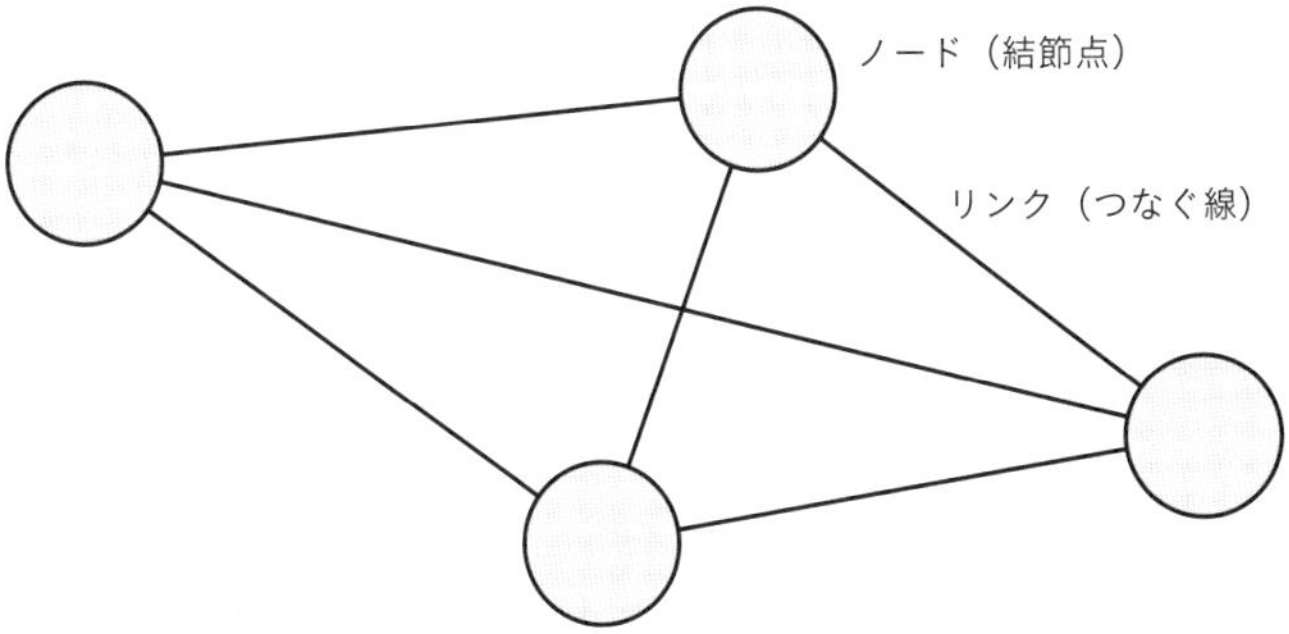

ノードをつなぐ線がリンク

先に整理しておきたいと思います。

物流の機能は、「**リンク（つなぐ線）**」と「**ノード（結節点）**」で説明できます。

それをわかりやすく説明する例として、「集荷」→「幹線輸送」→「配荷」と流れていく宅配ネットワークがあります。

たとえばコンビニエンスストアなど宅配便取扱店から荷物を送る場合、宅配会社の最寄りの営業所から取扱店に集荷に来て、いったん荷物は営業所から取扱店に集められます。営業所にまとめられた荷物は、ベースと呼ばれる配荷先ごとに仕分けをし、高速道路などを利用して長距離輸送（幹線輸送）を行なうトラックに荷物を積み込む拠点に持ち込まれます。そこから長距離トラックにより、配荷先にもっとも近いベースに輸送され、さらに配荷先エリアを担当する営業所に届けられ、最終的に荷物の届け先に宅配される、という流れになっています（大手ネット通販業者などは、大型物流拠点から直接、荷物をベースに持ち込むケースが多くなっています）。

この宅配便の例でいえば、コンビニなどの取扱店、営業所、ネット通販業者の物流拠点、ベースがノードであり、それぞれの間を輸配送するルートがリンクです。

こうしたノードとリンクをどのように組み立てていくかで、物流の効率化や配送スピードに違いが生まれてくるわけですが、安定的な翌日配達を可能にする日本の宅配便は、集荷の取りまとめ基地であり配荷の起点となるベースの確立により実現されています。

■ 宅配便の仕組み

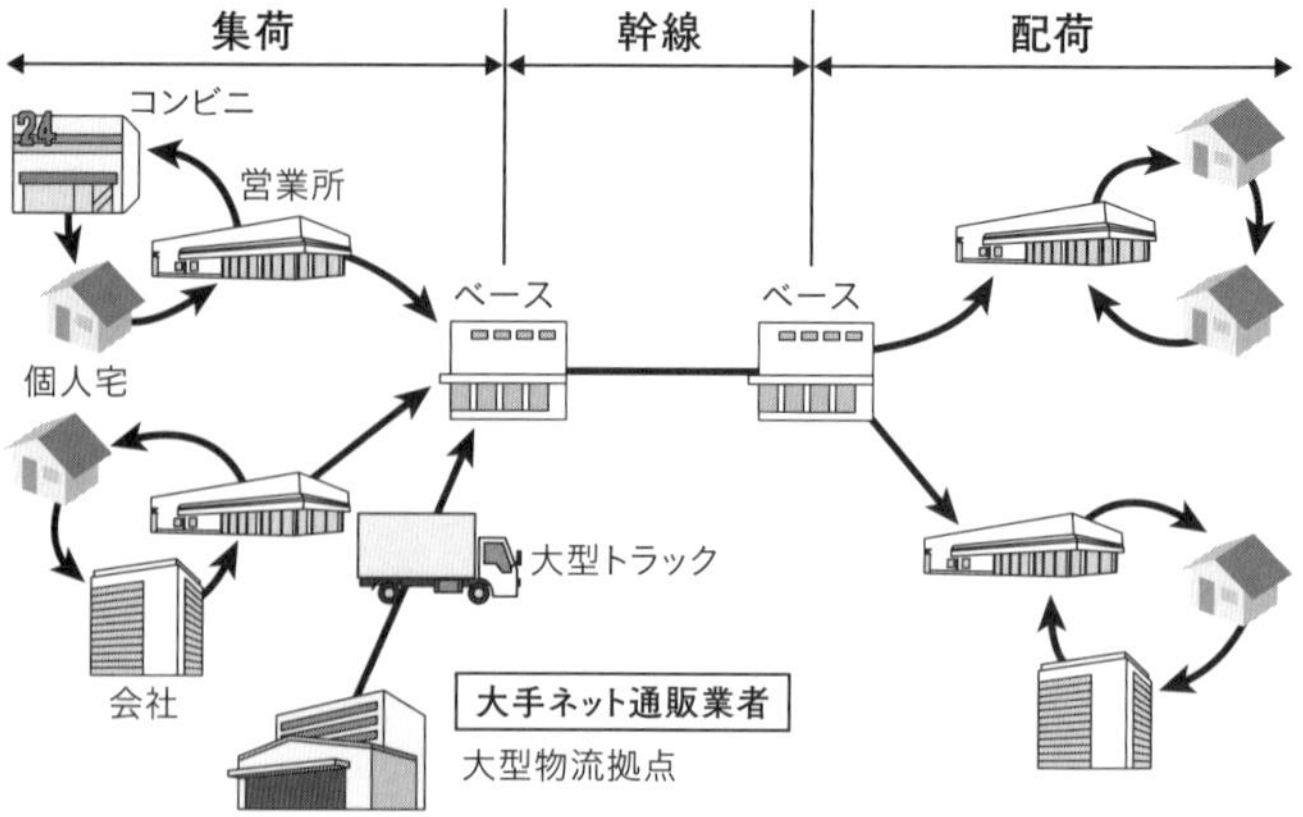

このベースのもとになった考え方が、「**ハブ&スポーク方式**」です。

世界的な物流企業、フェデックスの創業者であるフレッド・スミスが提唱した、中心拠点（ハブ）に貨物を集約させ、拠点（スポーク）ごとに仕分けて運搬する輸送方式のことで、図示したときの形状が、中央のハブからスポークが外側に広がっていく自転車の車輪に似ていることから、こう呼ばれるようになりました。

１９７０年にハブ&スポーク方式が開始されるまでは、出荷元から配送先まで１本のリンク（**ポイントtoポイント方式**）で輸配送するのが一般的でした。

それに対し、スミスはハブ&スポーク方式を考案、それをベースに１９７１年に創業したのがフェデックスです。

ハブ&スポークが、従来の配送方式と比べて、どれだけ効率的になるかというと、たとえば5拠点間で相互に荷物を配送する必要がある場合、従来方式では、10本のリンクが必要になるのに対し、5拠点の中間にハブを作ると、従来の半分の5本のリンクで5拠点間相互の配送が可能になります。リンクの本数が半減するのに対し全体の荷物の量に変わりはありませんから、1リンクで配送する量が倍になるわけで、つまりは配送効率がそれだけ改善することになります。

■ ハブ＆スポーク方式で配送効率が改善する

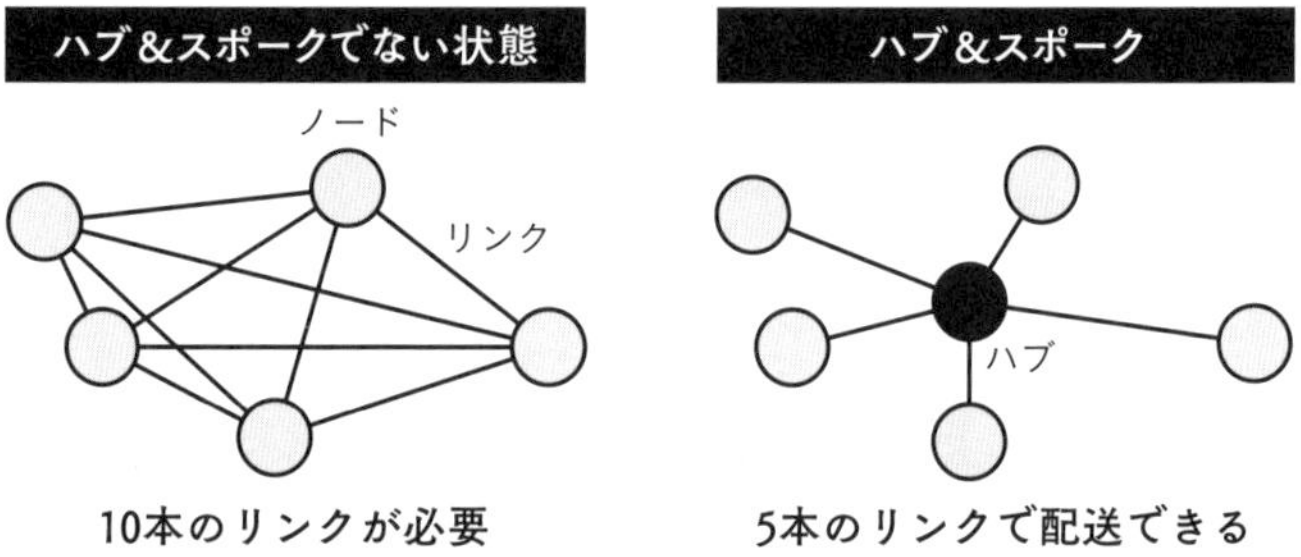

当初、スミスはこの考え方を論文にまとめ、大学に提出しました。しかしながら、当時は、この考え方が十分に理解されず、担当教授から「A」の評価を得られなかったといいます。それならば、自分自身でハブ＆スポークの効果を実証しようとフェデックスを創業し、広い全米で翌日配送のネットワークをつくり、今日のフェデックスの礎となる大成功を収めました。

このハブ＆スポーク方式は陸上輸送の世界に限らず、航空輸送の世界でも有効に働くことがわかっています。

フェデックスをはじめ、米国内で航空貨物を扱うUPSやDHLなどでは、全米の人口重心にあたる場所にハブ空港を設け、いったん全米中の航空貨物をハブ空港に集め、そこから配送エリアに分けて配送を行なっています。

現在、フェデックスのハブ空港は、中西部にあるケンタッキー州ルイビルにあります。またネット通販世界最大手のアマゾンは、全米の幹線輸送には航空便を使用していますが、人口重心に近い場所ということから、ルイビルから車で約1時間の距離にある、オハイオ州シンシナティにハブ空港を設置しています。

それではあらためて、ドミナント戦略により、納品が効率的になり、物流コストが下がることについて説明していきましょう。

ドミナントエリアには、店舗が集中しています。つまり、ドミナントが確立できておらず、店舗が広く点在している場合と比べ、店舗間の移動距離は短くなります。A店に納品した後、B店に納品に行く際の移動距離や時間も短く済み、短時間で効率よく納品することが可能です。

また納品のタイミングに余裕があれば、ドミナントエリア内の店舗分の納品をまとめることもできます。そうすれば1回のトラックの積載率を高められ、さらなる効率化につながります。

道路交通法の改正により、路上での駐停車による納品が難しくなりました。商品が1品だったとしても、納品作業から、店舗側の検品、受領証の受け取りまでを考えれば、それなりの時間がかかります。そのため、いままでは、納品先への横づけを避け、あらかじめ付近の路上パーキングにトラックを停め、そこから台車やハンドキャリーで納品するということも珍しくありません。

そうした環境にある場合、ドミナントエリアであれば、短時間で効率よく納品を終えられます。

たとえば納品エリアの重心に近い場所に駐車スペースを確保し、そこを中心にして納品ルートを考えるほうが、納品先1店舗ごとにトラックを移動させるより効率がいいかもしれません。その際にも、1店舗ずつがいいのか、台車に複数店舗分の荷物を載せて回るほうがいいのか、ドミナントエリアであれば、さまざまな選択肢が考えられます。

結果としてトラックの移動距離を短くできれば、ドライバーの乗車時間の短縮、物流コストの削減になるだけでなく、CO_2の排出量の抑制にもなります。

3. 人員や商品在庫を融通できる

少し極端な話になりますが、徒歩圏内に同じグループの居酒屋店舗が複数店舗あるとしましょう。

その場合、もしA店がいっぱいでも、近くにある系列のB店を案内できればせっかくのお客さんを逃がさずに済みます。しかし、徒歩圏に複数店舗がある（つまり、ドミナント展開を意識している）メリットはそれだけにとどまりません。

たとえばA店のスタッフに急な休みが出てしまい、そのままではマンパワーが不足するというときでも、近所のB店の非番スタッフであれば「今日、これからA店にヘルプで入ってもらうことはできますか？」と依頼の連絡を入れるのにもハードルは低くなります。また当日の注文が見込みよりも多く入ってしまい、B店の食材に不足が生じてしまったというときにも、A店からB店へ直接、食材を持ち込むことができます。

このように近隣店舗同士で、人手や食材を相互に融通できれば、何らかの不測の事態が発生したときにも、店舗のオペレーションに支障をきたすことなく、営業を続けることが可能になるのです。

4. 競合の参入を防止できる

規模の大きくない企業も、その地域、エリアで一定程度のドミナントを確保している企業があれば、同業大手であっても、そのエリアに新規参入することはあまり考えられません。

ゼロベースからシェアを奪い取るには、先行する企業を上回るマーケティングコストが必要になります。市場全体が右肩上がりで成長しているときなら、資金に余裕のある大手企業が、少しでもシェアを奪おうと参入してくる可能性があるかもしれませんが、いまの日本を見れば、人口減少が始まり、消費市場の縮小も時間の問題です。とくに流通小売の世界はほとんどの業種・業態でオーバーストア状態にあり、新規参入しようにも、好立地が見つけられない状況にあります。

しかし見過ごしてはいけないことがあります。

いまは、ネットとリアルが融合したオムニチャネルの世界が確立されてきています。しかも、リアルの世界のドミナントと、ネットの世界のドミナントは、必ずしも一致するわけではありません。業種・業態によっては、リアルでドミナントを確立していても、ネットからの参入により、市場でのシェアを奪われるということもあります。

5. 共通資産（納品センター・製造工場・スーパーバイザーなど）を流用できる

複数の店舗や事業所などによりドミナントが確立されていれば、ひとつの物流センターや製造工場などを共通資産として活用できるようになります。物流センターにしても、製造工場にしても、相当な投資が必要になるものですから、企業として稼働効率は少しでも上げたいものです。その意味でも、ドミナント戦略は有効になります。

事業規模の拡大に合わせて、物流センターや製造工場棟の規模の拡大、新規開設を進めていくというケースはまだまだ多いですが、セブン‐イレブンのようにドミナント戦略を成長戦略として重視しているところでは、まず物流センターや製造工場を構築し商品の供給体制を整えてから、一気に店舗展開を図るケースがよく見られます。

また、人材育成の面でも、ドミナント化は有効に働きます。

チェーン展開する企業の場合、エリアごとに複数の店舗運営をサポートするスーパーバイザー（SV）という役割を担う人がいます。担当エリア内に店舗が集中してあれば、店舗間の移動に時間を取られることなく、1日に何店舗も巡回できます。反対に、店舗がまばらであれば、移動にばかり時間を取られてしまい、1日の訪問件数も限られ、1店舗当たりの指導時間も短くなってしまいます。

これが1日や2日だけで済むことであれば、この違いもあまり気にする必要はないかもしれませんが、SVは1店1店、店舗を回って店舗運営の指導をするのがメインの仕事ですから、限られた時間内に、どれだけたくさんの店舗を回り、店長とのコミュニケーションの機会をつくることができるかが重要です。また、数多くの機会をもつことがSV自身の貴重な経験にもなり、結果としてSVの人材育成にもつながっていきます。

ドミナント戦略のデメリット

こうしたメリットのあるドミナント戦略ですが、その反面、デメリットもあることを忘れてはいけません。

デメリットとしてよくあげられるものに、自社の店舗同士でお互いの顧客を奪い合うカニバリゼーション（自社競合）があります。

チェーン展開する場合、店長同士を競わせることで企業全体の成長を加速させていきます。とくにドミナント戦略をとるときには、同一商圏内に複数店舗を展開することも珍しくありませんから、その場合は、当然、競合他社のみならず、自社店舗との間でも顧客の奪い合いが起こります。そのため、「店舗によって扱い商品やサービスを少しずつ変えてみる」「母店と子店（子店では在庫をほとんどもたず、急ぎの場合には母店から商品の供給を受けるというような関係性）という役割を明確にする」「自社競合を考慮した店長評価の仕組みを構築する」といった施策により、全社レベルでの負の影響を抑えることもあります。

また大きな自然災害などがドミナントエリアで発生した場合には、多くの店舗が同時に被害を受けることにもなります。2020年初めから広まったコロナ禍では、リモートワークや在宅勤務にともなう人流の変化により、都市型立地の店舗を数多く有するコンビニエンスストアやドラッグストアが大きな影響を受けました。これは、ある面、ドミナント化により生じたデメリットといえるでしょう。

物流視点でドミナント戦略をとらえる

「配送密度」が成否の鍵を握る

前項までは店舗や営業拠点を集中展開するという視点からドミナント戦略についてみてきましたが、もうひとつ物流視点からのドミナント化にもふれておきます。

ポイントをわかりやすくいえば、ネットスーパーや即時配達サービス（注文から15～30分程度で配達される）は、限られたエリア内での「**配送密度**（**単位時間当たりの配達件数×注文品目数**）」が成否の鍵を握るということです。配送密度が高いということは、配達対象地域においてそれだけ多くの顧客を確保していることであり、ネットスーパーの利用に関してその地域でのドミナントを確立していることにほかなりません。先にも述べていますが、ドミナントエリアにおいては、配送効率もよくなり、1件当たりの配送コストも低く抑えられるというメリットが生まれます。

コロナ禍での行動制限により、ネット通販利用者の年齢層が広がり、ネット通販拡大の勢いはますます加速しました。その勢いに乗じて、ネットスーパーや即時配達サービスを立ち上げるところも増えました。

しかしながら、ネットスーパーや即時配達サービスが、多くのネット通販と同じような勢いで拡大しているという話はまだあまり聞こえてきません。そのなかにあって、順調に成果をあげているところには共通点があります。

それは配達対象地域を絞ってスタートし、一定のドミナントを確保できた段階で、新たに配達地域を広げるという展開を図っているということです。

たとえば、店内にある在庫商品をネットスーパーの商品として活用する、店舗活用型ネットスーパーを展開する店舗でも、店舗が対象とする商圏内のごく一部からスタートし、その経過を見ながら、少しずつ面での拡大を図っています。

食品スーパーのＥＣ事業の成否を分ける物流の仕組み

食品スーパーとして国内最大級の規模をもつライフコーポレーションでは、ネットスーパーの入り口として、自社運営の「ライフネットスーパー」と、アマゾンから利用する「Amazon食品スーパーライフ」を運営しています。

「ライフネットスーパー」は自社の物流、「Amazon食品スーパーライフ」はアマゾンの物流により、対象店舗から商品を届けています。展開エリアは、首都圏（東京都、埼玉県、千葉県、神奈川県）、近畿エリア（大阪府、京都府、兵庫県、奈良県）ですが、小刻みに配達対象地域を広げています。

スタートからサービス提供エリアを広く設定したため、ドミナントエリアを確立できず早々に撤退してしまった例として「サミットネットスーパー」があります。２００９年に首都圏に店舗を展開する大手食品スーパー、サミットの親会社である住友商事の投資により専用の物流センター活用型のネットスーパーとして運営をスタートさせましたが、２０１４年に撤退し、その見切りも実に早いものでした。そのサミットも、２０２２年にはネットスーパーにあらためて参入、今回はライフコーポレーション同様、店舗活用型で、一部店舗の一部地域からスタートを図っています。

コロナ禍以前のネットスーパーは数ある顧客サービスのひとつであり、店舗を利用する顧客に幅広く提供するものという印象がありました。しかしコロナ禍による行動変容をきっかけに本格化してきたネットスーパーは、エリアドミナントの確立を前提にサービス提供エリアの拡大を進めてきています。

また、大手食品スーパーのなかには、ネットスーパーのユーザーを実店舗の顧客へと誘導することに注力するところも出てきており、今後、ネットとリアルを融合したドミナント戦略も考えられるようになっていくのかもしれません。

世界最大の流通小売業はドミナント展開から生まれた

物流センターを構築することからスタートする

世界最大規模の流通小売業といえば、米国のウォルマートです。ウォルマートは現在、米国内にスーパーセンター（非食品中心のディスカウントストアに、食品中心のスーパーマーケットを一体化した小売業態）などを4717店、会員制のサムズクラブ（「コストコ」のイメージに近い事業モデル）600店を展開。海外の5306店と合わせると、総店舗数は1万623店にのぼります（2023年1月末）。全米で暮らす人の9割以上は、ウォルマートの実店舗から約16㎞（10マイル）圏内に生活しているといわれるほど、高密度に店舗を展開しています。

このウォルマートの出店を支えてきたのがドミナント戦略です。同社では出店する前にまず6店舗分の供給能力をもつ物流センター（ディストリビューションセンター：ＤＣ）、そこから一気に6店舗を出店します。さらに店舗を拡大していく場合にも、いきなり出店はせずに、当初のように物流センターを構築するところからスタートする方法で全米に店舗網を広げてきました。

この方式により商品の発注をＤＣが集中管理できるようになり、店舗の作業負担は軽減され、また店舗への配送や発注管理にかかるコストを削減できます。またＤＣでは、仕入先（ベンダー）から発注品が入荷すると、在庫保管することなく、すぐに個々の店舗ごとに仕分けして配送するクロスドッキング方式が採用され、ＤＣ内での業務も効率化されました。

２０２３年1月期通期の総売上高（会費収入含む）は６１１２億８９００万ドル（1ドル＝１４０円換算で約86兆円）、そのうちＥＣ売上（ＥＣ注文・店頭受取なども含む）が８００億ドル以上あります。日本円にするとＥＣ売上だけでも11兆円を超える規模です。

同社の歴史をひもとくと、創業は１９６２年。米国中西部のアーカンソー州の地方都市、人口わずか４５００人のロジャーズという小さな町にディスカウントストアの1号店をオープンしました。

その後、2号店、3号店と出店していきましたが、その当時、市場ではKマートが圧倒的存在で、人口5万人以上の都市の好立地、人口の集中する場所に多数店舗を構えていました。一方、地方出身で知名度もなく、品揃えも十分ではないウォルマートが、Kマートと正面切って張り合っても勝ち目はありません。そこで同社では、強者（Kマート）のいないところに出店しシェアをしっかり確保する戦略をめざしていきました。

このとき課題だったのは仕入れです。人口の少ない街に商品を納入してくれるベンダーはありませんでした。そこで創業者のサム・ウォルトンは、自らハンドルを握り、大きな街に仕入れに行きました。また仕入れを効率的にするために考え出されたのが、複数店舗分を一度にまとめて発注する方法です。このやり方を進めていくなかで、1960年代後半にはウォルマート独自のドミナント戦略を確立していきました。

創業から16年を経過した1978年には、アーカンソー州サーシーのDCを中心に半径約320km（200マイル）圏内に60～100店舗をドミナント出店する体制が整いました。1980年代半ばには、さらに進化し、ひとつのDCが半径384～768km（240～280マイル）圏内に100～175店舗をカバーするようになり、店舗で扱うほとんどすべての商品がたとえ少量であっても、発注の48時間後には納品されるようになりました。この体制が確立されると、店舗在庫は必要最低限で済み、それまで倉庫として使用していたスペースを売場にすることができ、扱いアイテムをさらに増やすことが可能になりました。

ウォルマートは、ドミナント出店と、効率的な物流実現による在庫の圧縮により、品揃えを拡充、顧客ニーズへの対応力を高めていくことになりました。

１９８９年、ウォルマートはついにＫマートの売上高を追い抜き、ディスカウントストア業界でトップに躍り出ました。また、それまでの間に新たな事業の立ち上げ、新しい業態の開発も進めていました。

１９８３年にオクラホマシティで会員制の卸売業というサムズホールセールクラブ（１９９０年に「サムズクラブ」に店名を変更）を開店、１９８８年には新業態としてディスカウントストアに生鮮食品も販売するスーパーマーケットを統合したスーパーセンターをスタートさせました。そして２００１年には、ついに売上高世界第１位となり、今日に至るまで、世界最大の流通小売業としてその座に君臨してきています。

しかし、近年、その座を揺るがしかねない存在が現れました。世界最大のＥＣ企業、アマゾンです。ウォルマートに次ぐ世界2位の売上規模で、まだウォルマートの半分にも届いてはいないものの、5年ほど前には5分の1程度の規模にすぎなかったところが、この5年は年率20％以上の猛スピードで追い上げてきています。

それに対しウォルマートは、とくに米国内にある約5000店舗の店舗網を活かしたオムニチャネル戦略の展開により、EC売上の拡大を図っています。その本気度は物流戦略にも現れています。

同社の物流センターはさまざまな機能のものを含め、全米で200以上あるといわれています。現在、そのうちEC専用の物流施設が35か所（フルフィルメントセンター25、DC併設型の施設が8、ファッション専用の施設が2）、会員制のサムズクラブ用の配送拠点として機能する店舗であるダークストアが6か所あります。また国土が広大な全米では東海岸から西海岸へ運ぶのにトラックで1週間以上かかることもあり、実店舗の全米ネットワークの強みを生かしたストアピックアップによるEC物流の体制もできあがっています。さらにシカゴには店舗を完全に再現したダークストアが確認されています。倉庫面積1000坪、EC注文の受け取りスペースになるカーブサイドピッキングのスペースも備えているようです。ロボットを活用したMFC（Micro Fulfillment Center）を併設したスーパーセンターも登場しました。

こうしたことからもウォルマートがECに対応した物流ネットワークの構築を急いで

いることがよくわかります。

店舗配送とＥＣで物流センターを分ける理由

この項目の最後に、すでに全米に数多くの物流施設を展開し、物流戦略にも長けているウォルマートが、なぜ、またＥＣ専用の物流ネットワーク構築を急いでいるのか、そのことを考えておきます。

なぜ店舗配送とＥＣで、物流センターを分ける必要があるのでしょうか。

端的にいえば、物流形態が異なるからです。

以前、アスクルやユニクロが、大きな物流施設を開設し、その施設のなかで事業者向けＥＣや自社店舗への配送（BtoB）と消費者向けＥＣ（BtoC）の両方の物流に対応しようとしたことがありました。結論からいうと、物流センターの現場が大混乱に陥り、すぐに分離されることになりました。

BtoBの場合、たとえば、限られたアイテムのなかから、まとまった数量をピッキングすることが多くなりますが、一方、BtoCの場合、数多くのカテゴリーのなかから少量（たとえば1個ずつ）多品種のピッキングが中心になってきます。

こう説明しても、この差の意味がわかりにくいかもしれませんのでよりくわしく説明しましょう。

まず、商品を保管する什器《じゅうき》が違います。

BtoCの場合、注文が1点、2点と1商品ごとに1つ注文するケースが多いですが、BtoBの場合、注文が20点、30点と1商品ごとでまとまった数で注文します。

結果、BtoCは中軽量棚（本棚のようなもの）が適するのに対し、BtoBはパレットラック（パレット用の棚）を使ったりします。

それから、物流センターに適した立地も変わります。

従来の店舗への配送のためのDCであれば、商品供給を行なう店舗ネットワークの中心に開設するのが、物流効率も考えた好立地になりま

■ BtoCとBtoBでは什器も違う

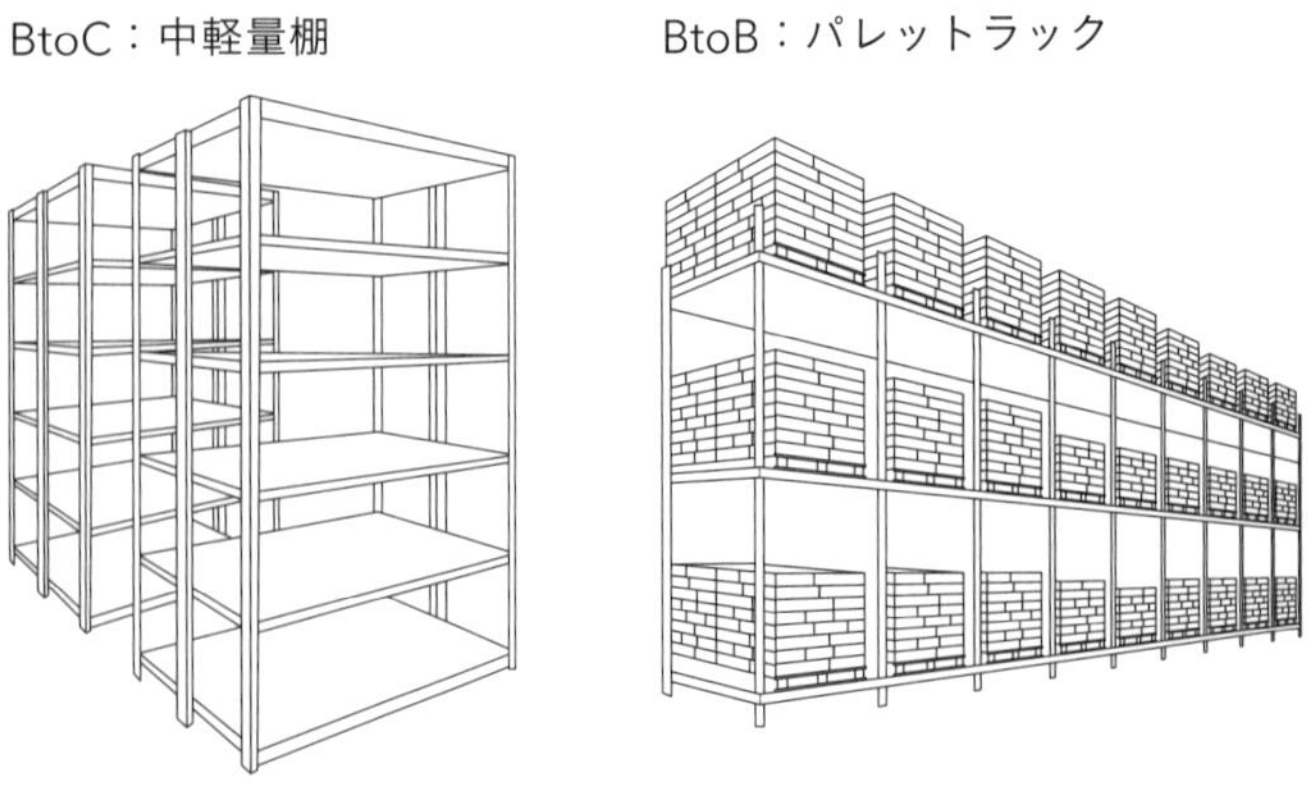

す。店舗への配送に便利な立地であれば、住宅街から離れていても問題はありません。それに対しEC用の物流センターは大消費地（＝消費者の生活圏。日本でいえば首都圏）にできるだけ近いところに設置するケースがよく見られます。そうすることで早く確実に利用者のもとに商品を届けられるようになります。

いま現在の日本で、DCとEC用の物流センターを開設すると考えた場合、DCは主要都市に5拠点、EC用であれば東京近郊に1か所あれば、効率のよい物流センター運営ができると考えられます。

セブン-イレブンの全国展開は3大チェーンでもっとも遅かった

セブン-イレブンの高密度出店方式

国内最大のコンビニエンスストアチェーン、セブン-イレブン・ジャパン（以下、セブン-イレブン）は、店舗数2万店超、チェーン全店の売上は5兆円を超える規模があります。

2019年7月、沖縄県への出店により、47都道府県すべてで店舗を展開することになりました。

現在、大手コンビニチェーン（セブン-イレブン、ローソン、ファミリーマート）3社はいずれも、全都道府県に店舗を展開しています。

そのなかで一番遅かったのが、店舗数、売上規模いずれも国内ナンバーワンのセブン-イレブンです。

一番早かったのはローソンです。同社は1975年の1号店出店（大阪府豊中市）から20年余りで全国出店を達成（1997年の沖縄県出店）しました。次がファミリーマートで、1973年の1号店出店（埼玉県所沢市）から約30年をかけて、北海道への出店（2006年）により全都道府県への出店を果たしました。それに対しセブン-イレブンは、1号店（東京都江東区豊洲）の出店は1974年で、2019年の沖縄県への出店までに45年を要しています。しかし沖縄県への初出店は14店同時オープンというドミナント出店でした。

ちなみに、3社ごとに全国展開達成時の出店数がどうなっていたかというと、ローソンは6000店超、ファミリーマートは約1万2500店、セブン-イレブンは2万店超でした。

この全国展開までのスピードと展開店舗数の違いに、セブン-イレブンの出店戦略の特徴がよく現れています。同社では「**高密度集中出店方式**」と呼んでいますが、いわゆる「ドミナント方式」による店舗展開です。

1974年5月15日、セブン-イレブンの1号店が東京都江東区豊洲に豊洲店としてオープンしました。この店舗はいまも健在で、同店のフランチャイズオーナーは現在、5店舗を運営しているといいます。

そもそもセブン-イレブンは、米国サウスランド社が全米で展開するコンビニエンスストアのフランチャイズチェーンでした。1973年に当時のヨークセブン社（現セブン-イレブン・ジャパン）が、同社との間でライセンス契約を締結し、日本国内で展開することになりました。

その契約交渉当初、サウスランド社から出された条件は「事業は合弁、出店地域は東日本、8年間で2000店出店、ロイヤルティ率1％」という強気のもので、ヨークセブン側としてはとうてい飲めるものではありませんでした。その後、侃々諤々の交渉を繰り広げた末に、「事業は独自、出店地域は全国、8年間で1200店の出店、ロイヤルティ率0・6％」でまとまり、日本国内でのセブン-イレブン事業がスタートしました。

しかしながらその時点では、現在のセブン-イレブンの強さを生んでいるドミナント方式での展開は想定されていませんでした。というのも、米国で展開していたセブン-イレブンは、フリーウェイ近くにあるガソリンスタンドへの併設により規模を拡大してきており、ドミナント化という発想には至っていませんでした。というよりドミナント出店という戦略をとらなくとも、右肩上がりで事業を拡大成長できていたといえます。

「江東区から一歩も出るな」

では、いつから日本のセブン－イレブンのドミナント化は始まったのか。

現在の同社の勢いから考えると、しっかり練られたうえでの戦略と思うかもしれませんが、実のところ、必要に迫られて始まったといわれています。

1号店は順調にスタートを切りました。予想以上の数字をあげていたといわれています。しかし、それもしばらくするとたいへんな事態が発生してしまいます。売れ筋商品が品切れを起こす一方で、倉庫は在庫の山になり、店舗運営そのものが回らなくなってしまったのです。

その要因となったのが、商品の供給元である問屋の商慣習です。

当時の問屋は一定量以上の注文がまとまらないと商品を配送しないのが一般的であり、店舗で売れ筋商品を補充しようとしたら、動きの悪い商品も含めた必要以上のボリュームを注文しなければならず、その結果、在庫も膨らんでいったのです。

この事態を早急に解決しなければ、今後のフランチャイズ展開にも影響が出ます。あれこれ悩んだ末に考え出されたのが、複数の店舗分の注文をまとめて一定数量以上にすれば、問屋も対応してくれるのではないか、というものでした。「江東区から一歩も出るな」というセブン‐イレブン・ジャパンの創業者、鈴木敏文氏（当時社長）の有名な言葉は、その際に発せられたものです。

この新規店舗開発の方針のもと、江東区内に集中してフランチャイズ店を募り、亀戸、森下、住吉、毛利、北砂、東砂、扇橋など、計11店舗を出店した段階で、取引のある問屋側も納得し、従来の商慣習にはなかった小口配送が実現することになります。以降、出店地域を絞り、集中出店していくスタイルはさらなる進化を続けながら、日本のセブン‐イレブン独自の出店戦略として浸透していきます。

商品を効率よくスピーディに配送する仕組みづくり

同社では出店地域を拡大するにあたっては、独自の商品を効率よく、かつスピーディに店舗に配送する仕組みづくりを優先し、製造・物流のインフラの拠点内への集中出店を行ない、面での拡大を進めてきました。首都圏を除く大都市圏への出店は急がず、高密度での出店を繰り返し、店舗数や売上規模を拡大してきました。

たとえば、新規のエリア（都道府県、あるいは北陸3県といった単位）に出店する場合、新規オープンする店舗と合わせて、必ず、専用工場（米飯、総菜・調理パン、焼きたてパン、調理麺など）と、専用配送センター（弁当、おにぎり、焼きたてパンなどを、1日3～4回配送する「米飯共同配送センター」、調理パン、サラダ、総菜、麺類、牛乳などを1日3回配送する「チルド共同配送センター」、アイスクリーム、冷凍食品、ロックアイスなどを週3～7回配送する「フローズン共同配送センター」、カップ麺、酒類、雑貨類などを週2～7回配送する「常温一括共同配送センター」）がセットになっています。

一般に小売業の場合、出店場所として、人口の集中している立地がよく選ばれますが、セブン-イレブンの出店戦略では、必ずしも人口の多い都市から選ばれるわけではありません。

同社では2009年2月、山陰エリア初、島根県への初出店として4店舗を同時オープンしました。その際、出店エリアとして選ばれたのは、人口の多い、県庁所在地の松江市（約20万人）や出雲市（約17万人）ではなく、浜田市（2店舗）、江津市《ごうつ》（2店舗）でした。浜田市の人口は県内3番目ですが、松江市や出雲市の3分の1程度の規模（約6万人）しかなく、江津市にいたっては県内で最も人口の少ない市（約2・5万人）でした。

なぜこの2市が出店の地に選ばれたのか。

それは専用配送センターのある広島市や廿日市市《はつかいち》と、国道や自動車専用道路でダイレクトにつながる環境にあったからです。鮮度のよい商品を効率よく届けることが優先されているのです。

首都圏に続く消費市場のある大阪府や愛知県への進出も、けっして早いタイミングではありません。同社は1981年に東証一部（現在の東証プライム）への上場を果たしていますが、それからずいぶん経ってからのことです。1991年サウスランド社の経営破綻により、同社がサウスランド社の株式を取得し米国セブン-イレブンの経営に参画することになるわけですが、その時点では20都道府県で店舗展開していたものの、大阪府や愛知県には未進出でした。そのことから国内事業での拡大余地がまだ十分にあると考え、経営権の取得に動いたともいわれています。

結局のところ、大阪府への進出は1995年。ローソン1号店（豊中市）の出店から21年遅れての出店になりました。また愛知県への出店は店舗数1万店に近づきつつある2002年のことでした。現在、大阪府での出店は1276店で東京都、神奈川県に次ぐ店舗数、愛知県も1061店と、首都圏の一都三県および大阪府に次ぐ規模になっています。

単に出店数だけを考えれば、市場の大きなところを中心に全国に幅広く出店をしたほうが、短期的には早く規模を拡大することが可能です。しかし、長期的に見ると、基礎体力という点で大きな課題が生まれてきます。そのことを裏付けていると考えられるのが、全店平均日販の差です。

三大チェーンのなかでいち早く全国展開を果たしたローソンの全店平均日販は52万2000円ですが、それに対しセブン-イレブンは67万円と大きな開きになっています（ファミリーマートは53万4000円）。

最後に、セブン-イレブンがドミナント戦略、同社のいう「高密度集中出店方式」をとってきた狙いはどこにあったのか、まとめてみます。

まず、一定の地域内で「セブン-イレブン」が顧客の目に触れる機会を増やし、店名とともに〝コンビニエンスストア〟という業態をメジャーなものとして認知させることがあげられます。

次に商品やサービスなどの販売促進に必要な広告宣伝を効率よく実施できます。そして、店舗経営相談員による日々の店舗サポート活動の効率化にもつながっていきます。

さらには、おにぎり、弁当などセブン-イレブンのオリジナル商品については、高密度集中出店方式を背景に、独自の専用工場の設置や、鮮度よく品質の高いものを提供するための販売時間帯に合わせた計画的な配送を実現し物流効率を最適化しています。

さまざまな業種で展開される「ドミナント戦略」

クリーニングチェーン「ポニークリーニング」

東京・日本橋からほど近いところに、半径500m圏内の路面に10店舗近くの店を構えるクリーニング店があります。半径1km圏に広げると、その数は20店舗近くにまで増えます。

コンビニエンスストアに比べれば、驚くほどの数ではありませんが、「半年に1回程度の利用」が最大ゾーンというクリーニング利用に関する調査結果もあるなか、それだけの至近距離に出店していては、非効率、近隣店舗同士のカニバリが起こってしまうのではないか、そう考えても不思議はありません。しかもクリーニング店は、ここ10年で店舗数を約3分の1減らしている業界です（総務省・厚生労働省「衛生行政報告例」）。

そうした環境下で、先ほどの高密度展開を図っているのが、穂高株式会社が運営する「ポニークリーニング」です。本社は日本橋馬喰町《ばくろちょう》にあり、ドミナントで展開するエリアはいわば同社のおひざ元にあたります。同社は1949年の創業で、現在、首都圏・中京圏（愛知、岐阜）に20事業所、800店舗を展開しています。各事業所には大型の工場機能があり、どの店舗でも最新の技術によるクリーニングサービスを提供できることが強みになっています。また、利用するには入会費および年会費（入会年は300円、2年目以降の年会費は200円）が必要で、サービス料金は地域、店舗によって異なり、店舗ごとにサービス内容も違うという点も特徴です。

このポニークリーニングの高密度エリアを実地調査してみると、同社の出店戦略の一端をうかがい知ることができます。

一般にクリーニング店の場合、クリーニングが仕上がっていても、なかなか受け取りにこない利用者が多いため、路面店の多くは、仕上がり後の保管スペースを広くとっています。保管スペースといっても、実際のところ保管料を取っていないケースがほとんどですから、利益を生まない（＝ムダな）スペースをつくってしまっていることになります。高密度展開エリア内には、地元に古くからある競合店が何店舗もありますが、いずれもバックヤードを広くとっているところばかりです。

それに対しポニークリーニングの店舗は、仕上がり品を保管するバックヤードをほとんどとっていません。それを可能にしているのが同一エリアへの集中出店です。日常の生活圏に何店舗もあれば、「そうだ、今日はクリーニングができあがる日だ」というリマインドにもつながり、当日の受け取りを促すように働くでしょう。その結果として、ポニークリーニングの面としての利用促進、利益確保につながっていると考えられます。また店舗によってキャンペーンのタイミングをずらしており、クリーニング工場全体の稼働率の平準化を狙っているに違いありません。

たまたまかもしれませんが、実地調査を進めていくなかで、ポニークリーニングの活力ある店舗に比して、日に日に影が薄くなっていく競合店も目につくようになりました。

また同社の店舗展開を見ていくと、冒頭のおひざ元ほどの密度はないものの、とくに都内では、至近距離に複数店舗を出店しているところが多く見られます。

高密度の展開エリアがある一方で、ポニークリーニングではインターネット経由のサービス提供にも力を入れています。クリーニングとその後の保管がセットになった「保管&宅配サービス」や、首都圏エリア（離島を除く東京都全域、神奈川・埼玉・千葉の一部地域）での展開になりますが、ポニークリーニング宅配便サービス「HINOKA」があります。

「保管&宅配サービス」はインターネットから申し込み、クリーニングを依頼する衣類を宅配で送り、クリーニング完了後は工場で保管され、保管期間終了後に宅配便で届けられるというもの。保管期間は最長9か月ですが、衣類の汚れの状態により、すぐにクリーニングを行なわなくても支障がないものであれば、工場の繁忙状況に応じて、作業の平準化を図るといったことも行なっています（たとえば保管期間9か月で申し込んだ場合、すぐにクリーニング作業を行なうこともあれば、繁忙期を避けるため3か月後にクリーニング作業に入ることもある）。

宅配便サービス「HINOKA」は、インターネット経由で申し込み、衣類を宅配で送って、クリーニング後に宅配で受け取るもの。クリーニングの品質に満足がいかない場合、最寄り店舗に持ち込み、6か月間は再仕上げが無料（再仕上げ後も不満があればクリーニング料金を返金する）になるといった、安心して「HINOKA」を利用してもらうためのサービスを提供しています。「近所にたくさんポニークリーニングがある」という印象付けがなければ、このサービスの効果も抑えられたものになってしまうでしょう。

居酒屋チェーン「世界の山ちゃん」

ピリ辛の「幻の手羽先」で知られる居酒屋チェーンの世界の山ちゃんは１９８１年の創

業、名古屋を中心に首都圏や関西など国内67店舗を展開（2023年4月現在）、さらにはタイ、香港、台湾にも出店しています。

地元愛知県には「世界の山ちゃん」ブランドで29店舗（テイクアウト店3店舗含む）を展開していますが、名古屋駅近くだけでも徒歩圏内に9店舗が集中しています。

なぜそんな至近距離ともいえるところにまとめて出店しているのか。その答えは簡単です。

同社の「幻の手羽先」は年間2000万本以上を売り上げる創業来の看板商品、それを楽しみに世界の山ちゃんに行く人は少なくありません。徒歩圏内に複数店舗があれば、そのときの混雑具合で案内する店舗を変えられますし、混雑時に入るヘルプの要員も近隣店舗間で融通を利かせられます。看板商品が品切れになりそうなときには、他の店舗から食材をハンドキャリーで持ち込むこともできます。

名古屋駅の北西側には徒歩1分圏内に3店舗（名駅西口店、則武店、駅西4号店）あります。また名古屋駅に次ぐターミナル駅の金山駅前の場合は、徒歩圏内に3店舗（金山総本店、金山南店、金山西店）を出店しています。なかでも金山西店と金山南店の2店舗は道路をはさんで向かいにあります。

このように至近距離にあると、取引先からの納品にも大きなメリットがあります。1か

■「世界の山ちゃん」店舗

名古屋駅北西側

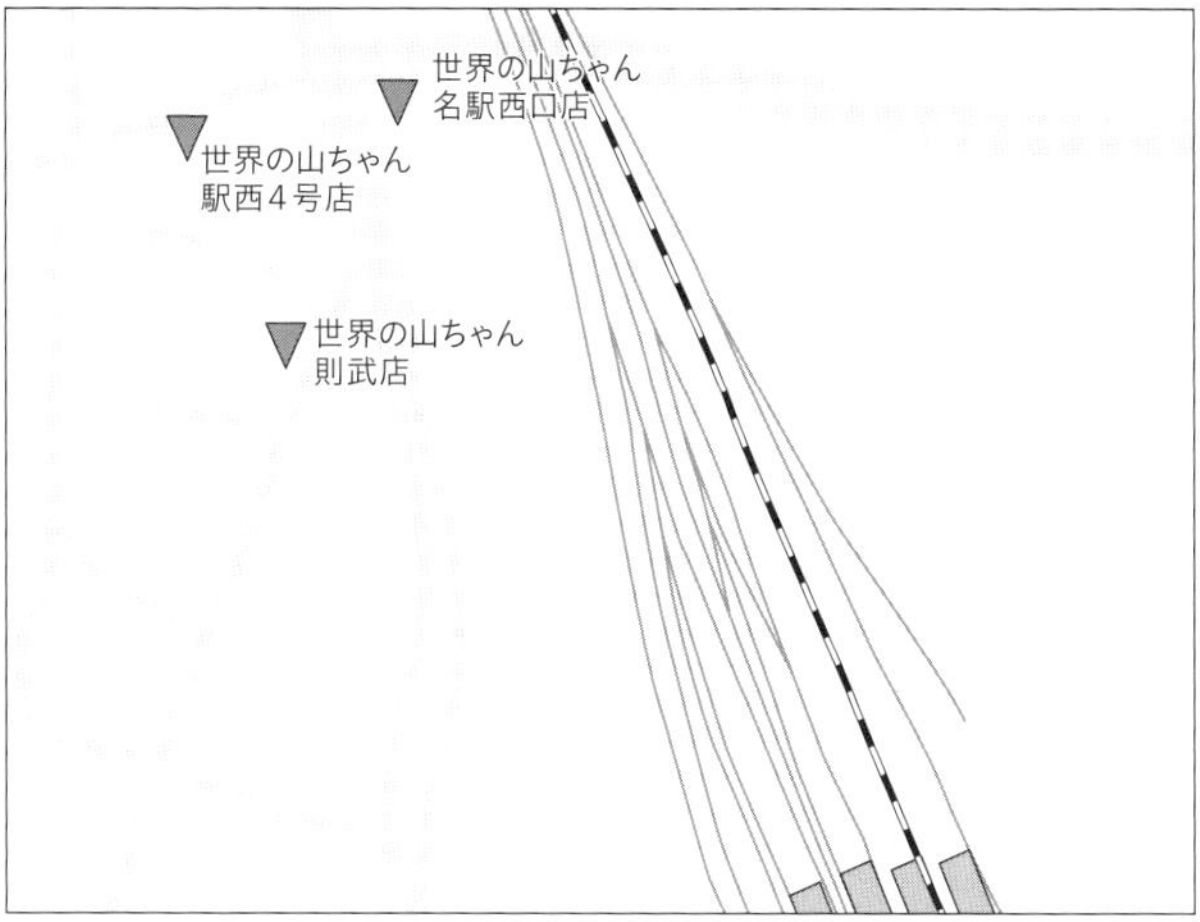

愛知県名古屋市金山駅周辺

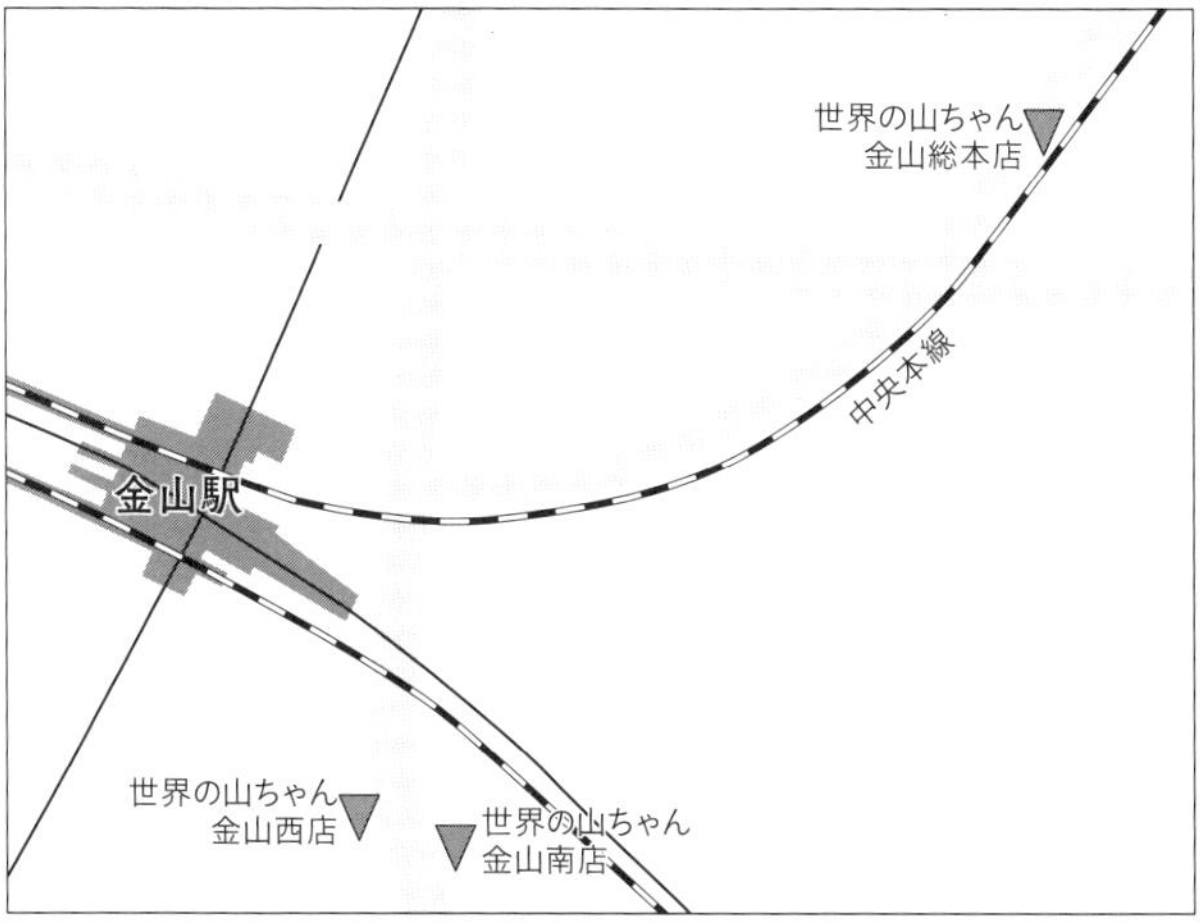

所にトラックを停められれば、複数店舗分の納品が可能になります。

道路交通法の改正により路上駐車の取り締まりが厳しくなり、配送トラックであっても、法令上問題のないパーキングスペースに駐車する必要が生まれました。とくに繁華街では、有料のパーキングスペースでもすぐに空きスペースを確保しにくい場合も多く、配送トラックの駐車スペース確保に、頭を悩ませるドライバーもいます。

その点、金山駅前の世界の山ちゃんの場合、そうした不安が軽減されます。

世界の山ちゃんのドミナント出店は、顧客にとっても、店舗にとっても、配送会社のドライバーにとってもメリットが大きいと考えられるのです。

コーヒーチェーン「スターバックス」

いま日本でもペーパーカップやタンブラーを手に、街中をさっそうと歩くスタイルが当たり前になりました。その定着に大きな役割を果たしたのがスターバックスです。

スターバックスは１９７１年に米国シアトルで創業され、およそ90の国と地域で3万店舗以上を展開しています。日本では１９９６年8月に東京・銀座に1号店がオープンしましたが、北米地区以外では初めての出店でした。「人々の心を豊かで活力あるものにする

■ スターバックスの東京駅周辺でのドミナント出店

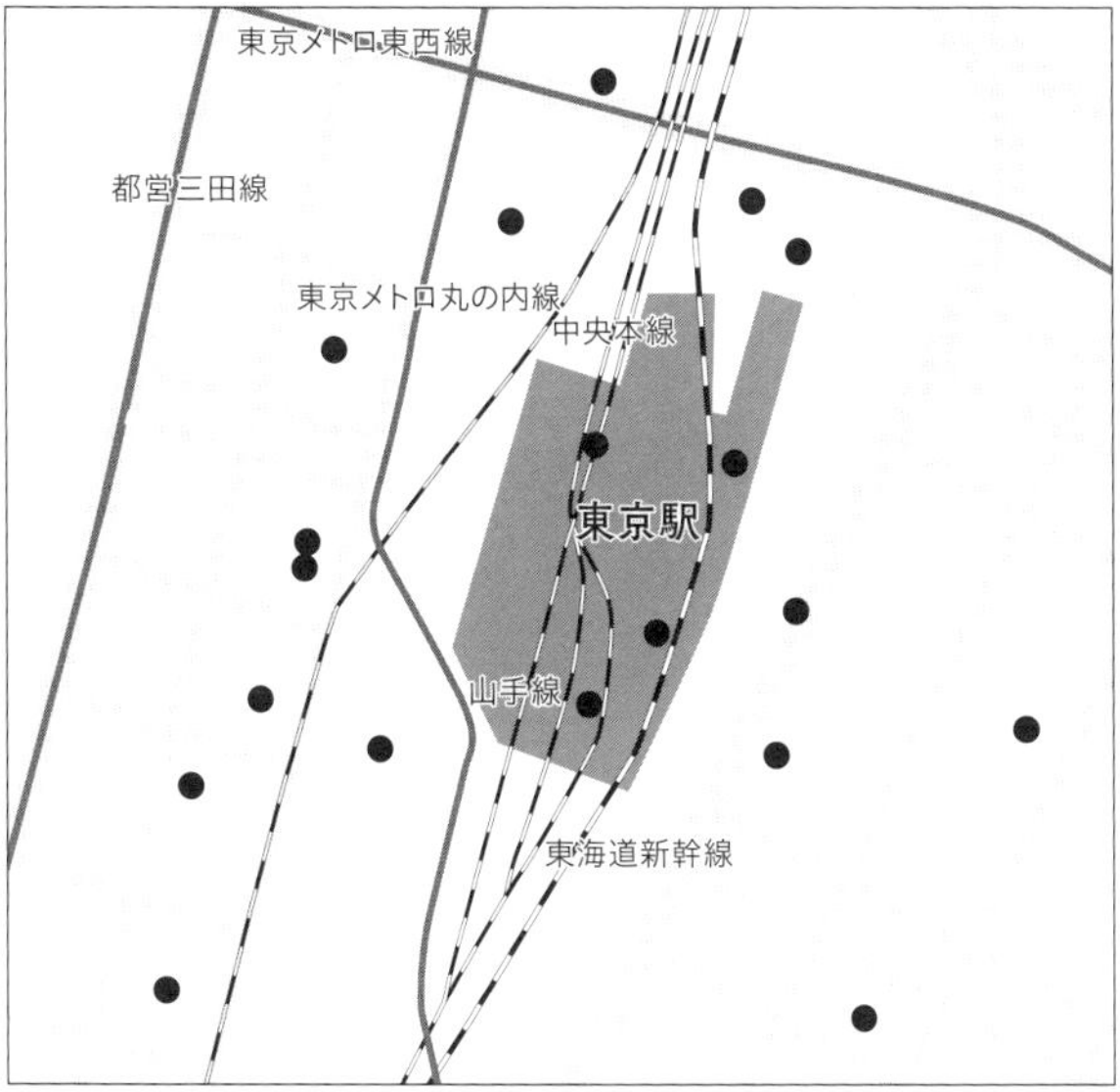

ために――ひとりのお客様、一杯のコーヒー、そしてひとつのコミュニティから」を企業のミッションに掲げ、家でも職場でもない「サードプレイス」など、新たな価値観や文化を提案してきました。

それらをいち早く広める役割を担ったのがドミナント出店です。

現在日本国内で１８１１店舗（２０２３年３月末現在）を展開していますが、スマホなどから近隣店舗を検索すると、数えきれないほど多くの店舗がヒットすることも珍しくありません。

たとえば東京駅付近では、駅構内、日本橋口、八重洲地下街、丸の内側のビル群などに集中して出店しています。東京・秋葉原の駅前では、秋葉原駅前、駅ビル内、駅隣接のホテル内の3店舗があります。

スターバックスの場合、直営店がほとんどを占めていますから、店舗が集中しているエリアであればスタッフを融通できます。店内で休憩したいという顧客に、店内混雑時には近隣店を案内することも可能です。

また、スターバックスは、オフィスに持ち帰って仕事の合間に口にする、店内スペースでリモートワークをする、くつろぎながらおしゃべりをする、テイクアウトして街中を歩くなど、その利用目的が幅広いため、隣同士の店舗であっても、動線がまったく違うというケースもあります。

「サードプレイス」という提案が、同社のドミナント出店を容易にしていると考えることもできます。

EC物流専業「イー・ロジット」

ネット通販（EC）の物流代行（3PL）に特化したサービスを展開する、EC物流専業大手のイー・ロジットは、2000年に私が起業し、2021年3月、JASDAQスタンダード（現在の東証スタンダード）に上場しました。

同社の物流代行サービスは、ＥＣ通販サイト運営におけるサイトの構築から受注処理、カスタマーサポート、商品管理、ピッキング、商品の小分けや半製品の組み立てといった流通加工、梱包、配送、代金回収など、ＥＣ通販サイトの運営に係る業務を一括で行なうというもの。通販物流センター（フルフィルメントセンター：ＦＣ）をどう構築し、どのように運営していくかが、事業展開に大きく関わってきます。

一般に、ＦＣは延床面積１０００～２０００坪程度のものが多くを占めていますが、イー・ロジットの場合、５０００坪から１万坪前後の大型ＦＣをドミナント展開しながら、拡大し続けるＥＣ物流のニーズに対応しています。

これまでのところ、関東エリアでは、埼玉ＦＣ（埼玉県、２０１４年開設、面積８９００坪）、三郷ＦＣ（埼玉県、２０１７年開設、面積６８００坪）、足立ＦＣ（東京都、２０１９年開設、面積８４００坪）、習志野ＦＣ（千葉県、２０２１年開設、面積４７００坪）、埼玉草加ＦＣ（埼玉県、２０２１年開設、面積１万４００坪）の５拠点、関西エリアは大阪ＦＣ（大阪府、２０１９年開設、面積７５００坪）、大阪第２ＦＣ（大阪府、２０２２年開設、面積９４００坪）の２拠点で、大型ＦＣを運営しています。

とくに、関東エリアについては、近隣のＦＣとの距離を20㎞以内に展開するドミナント戦略を進めてきました。また同社が大型FCによるドミナント化を図る理由として、たとえばEC事業者の販促キャンペーン実施などにより商品出荷量が一時的に増加するケースへの機動的な対応があげられます。

スペースに余裕のある大型FCであれば、同じFC内にある他の事業者の作業エリアに出荷商品を一時的に移動、保管することもできますし、作業に余裕のある近隣FCへ出荷商品を移動したり、近隣FCから応援人員を派遣したりするといった柔軟な対応を行なうことが可能になります。

つまりイー・ロジットでは、こうした通販事業者の繁忙の波（波動）に無理なく対応できる体制をしっかり構築しているのです。

以前、あるEC事業者が、EC物流の委託先を同社に変更したところ、たちまち売上が倍増したことがありました。

もちろん委託先の変更によって、特別なヒット商品が生まれたということではありません。もともと、その会社では人気商品を扱っていましたが、受注量が右肩上がりで増えていくにつれ、注文受付から出荷完了までに時間がかかるようになり、日々、受注数が出荷数を上回る状態（受注分の出荷をその日のうちに完了できない）が続いてしまっていました。そのタイミングで物流業務の委託先をイー・ロジットに変更したところ、同社の機動的な波動対応により、受注から出荷完了までの作業時間が大幅に短縮されることになりました。その結果、１か月の販売処理能力の向上につながり、一気に売上計上額を伸長させることができたのです。

一般にＥＣ対応に限らず物流センターの立地は、広域配送にも対応しやすく、主要高速道路や幹線道路へのアクセスのよいところが好まれます。首都圏でいえば、倉庫が密集する湾岸エリアということになるわけですが、同社物流センターの場合、人員確保を第一に考え、比較的人口密度の高い住宅街の近くに開設してきました。

もちろんそこには明確な理由があります。

同社では他社との差別化戦略として、ＥＣ事業者向けのさまざまなオプションサービスを提供しています。

ＥＣ事業者のブランドの世界観や価値観を消費者に届けるための、複雑なラッピングやメッセージカードの梱包などはその一例ですが、それらには細かな作業が求められ、機械作業による規格化・画一化がなかなかできません。実際、手作業で進めたほうが効率的なことが多く、これらの品質の維持・向上には人材の確保が必要です。

そのため、同社では、近所に小・中学校などがある住宅街にＦＣを構築しています。そのエリアは子育てがひと段落した主婦層を集めやすく、そのうえ生活エリアに隣接していますから、通勤のアクセスにも便利で、働く人にとってもメリットがあります。

第3章

「スピード」による差別化戦略

「お届けスピード」による差別化戦略

物流においで圧倒的なコンビニエンスであるスーパーコンビニエンスを提供する際の考え方のひとつとして「**お届けスピード**」があります。

スーパーコンビニエンスなスピードとは何か。

荷物を受け取る側（着荷主、あるいは一般利用者）の視点から考えると、都合のよいベストなタイミングで荷物を受け取ることができることです。

「せっかく買い物に行ったのに、○○を買い忘れてしまった」「××を食べようとしたら、○○を切らしていた」といった場合には、すぐに手元に欲しいと思うでしょう。あるいは「明日の夕食の食材のつもりで購入した」「平日は時間に余裕がない。土曜か日曜の午前中に受け取りたい」「1週間後にプレゼントとして使いたい」という場合なら、ピンポイントの日時指定で届けてほしいと思うでしょう。

また同じ日時指定でも、一人暮らしの場合には、たまたま間が悪く、受け取りに出られないこともありえますから、あわせて「直前の配達状況の連絡も欲しい」、ということにもなるでしょうか。

とはいえ、物流は、デジタル上ですべての処理を完了できるものではなく、物理的なモノの移動を伴います。個々にその移動距離も違えば、荷物の送り主と実際の配達者が別々であることも多く、受け取り手のベストなタイミングで届けるのは容易なことではありません。

世界トップクラスの物流品質を誇るヤマト運輸

日々、テクノロジーの進化は著しく、スマートフォンをはじめとする携帯端末が普及し、ＡＩ（人工知能）やロボットの活用により、スピーディかつ正確な出荷体制の構築や、そのときの交通事情に即した最適な配送ルートの選択が可能になっているものの、受け取り手のニーズに１００％応えられるようになるには、まだまだ時間を要するというのが現状です。

そもそも、日本の物流品質は、そのスピード、正確性、ていねいさなどにおいて、世界でもトップクラスにあります。

もっともわかりやすい例が、ヤマト運輸の宅急便です。

日本国内のほとんどの地域で出荷依頼の翌日には荷物が届きますし、時間枠指定（8時～12時、14時～16時、16時～18時、18時～20時、19時～21時）ができ、しかもほぼ正確です。この宅急便が業界の事実上の標準となり、競合サービスも同じようなレベルの実現をめざしています。ちなみに米国の場合、日本より国土が25倍広いということもありますが、もっとも早い航空便でもＥＣは翌々日配達が標準です。航空便ですから、その分、コストもかかり、置き配が基本になっています。

しかし、業界標準として高い品質にあるからといって、それを利用者に押し付けるようなことになっては、従来の作り手発想と変わりません。スーパーコンビニエンスにはこれで終わりという天井はなく、利用者目線で、絶えず上のレベルを、よりコンビニエンスの感じられるものを追求することが求められています。

アマゾン上陸後、ネット通販はどうなったか？

これまで、さまざまな事業会社が、より高いレベルのスピード配送をめざし、チャレンジを続けてきました。

世界最大のＥＣ、アマゾンが日本に上陸したのは２０００年11月です。

当時、日本のＥＣ市場では、Yahoo!ショッピングや楽天市場が先行していました。そこでアマゾンは国内2社に対抗するため「送料無料」キャンペーンを打ち、利用者の拡大に成功しました（10年後、送料無料を通常サービス化）。同社の次なる差別化のための打ち手が「当日配達」（２００９年）と「日時指定配達」（２０１０年）でした。２０１５年11月には、首都圏の一部地域で、注文から1時間以内で配達する「プライムナウ」を開始しました。プライム会員（当時の年会費３９００円）を対象にしたもので送料８９０円を負担すれば利用でき、また2時間便であれば送料無料というものでした。

同じころ、日本の企業でも相次いで、スピード配達に参入しようと試みました。

Yahoo!ショッピングはアマゾンに先行して、２０１４年5月、2時間を目安に配達するサービス「すぐつく」の実証実験を開始。楽天も２０１５年8月から最短20分からのフードデリバリーサービス「楽びん！」（購入金額９８０円以上で送料無料）の展開をスタートさせました。さらに家電量販大手のヨドバシカメラは２０１６年9月、最短2時間30分以内に送料無料でボールペン1本からでも配達する「ヨドバシエクストリーム」、総合ディスカウントストアのドン・キホーテでは２０１７年2月、店舗から半径3キロメートル以内を対象に58分以内に配達する「majica Premium Now」（送料７５０円）を立ち上げました。

いまこれらのサービスがどうなっているか。

早々に撤退したのがYahoo!ショッピングの「すぐつく」です。実証実験のスタートから半年後にはサービス提供を中止しました。

楽天の「楽びん！」は送料無料の最低購入額を2000円に引き上げ売上増を図りましたが、ほどなく消え、ドン・キホーテの「majica Premium Now」もすぐにその動向を聞かなくなりました。スピード配達を仕掛けた「プライムナウ」も、2020年7月いっぱいでアマゾン商品の直接販売によるサービスをいったん終了、8月からはスーパーマーケット「ライフ」との共同運営による「Amazonネットスーパー」に名称を変え運営そのものは続けています。また「12時までの注文なら、当日21時までに配達」するという「当日お急ぎ便」(プライム会員対象)を提供しています。

そうしたなか、唯一、いまも勢いをもってサービス提供を続けているのがヨドバシカメラの「ヨドバシエクストリーム」です。取扱いアイテムを増やす一方で、無料動画サイトを通じて配達スピードを訴求する動画を配信するなど、メインのサービスとして展開しています。

このほかでは、スピード配達ではありませんが、現在もアスクルがYahoo!ショッピングのプラットフォーム上で展開している「LOHACO」で、スーパーコンビニエンスを意識したサービスを提供していました。

ＡＩ（人工知能）を活用し、配達車の管理により「1時間単位」での配達時間を指定でき、「30分単位の配達予定通知」「10分前の配達予定通知」も送られてくる「ハッピー・オン・タイム」というサービスですが、現在、このサービスは提供されていません。また同時期、同社では「朝、通勤途中に注文しておけば帰宅後のタイミングで商品が届く」というＣＭを集中的に投入していました。しかし残念ながら、こちらについても、いまは翌日以降の日時指定（2時間枠）のみの扱いで、当日配達への対応はありません。

日本より数年先を進んでいるといわれる米国でも同じような事例が見られます。オンライングローサリー（食品宅配）の元祖といわれる企業にピーポッド（Peapod）というスタートアップ企業がありました。

スマートフォンから商品を購入し、宅配または任意のピーポッド・ピックアップポイント（地図上から選択できる）から商品の受け取り場所を決めたうえで、受け取り可能な日時を選択するというもので、広い時間枠かアイドルタイム（注文の少ない時間帯）を指定すると配送料の値引きがあるサービスを提供していました。ピーク時には米国24都市で事業を展開するなど、米国最大のオンライングローサリーでしたが、その後、Peapod DIGITAL LABSと名を変え、オンラインデリバリー事業から距離を置いています。

2020年早々からのコロナ禍では、緊急事態宣言をはじめとする行動制限や、その後の行動変容により、ネット通販の利用が拡大しました。

しかしその時期、利用が拡大したのはネット通販だけではありません。ネット通販が始まるはるか前から事業を展開している、生協の宅配サービスも大きく伸びました。生協の宅配サービスは、いまだ週単位での固定した配送が中心で、ネット通販ほど配達日時を自由に選べるわけではなく、またスマートフォン経由での注文への対応も始まったばかりで、けっしてユーザビリティに優れているとはいえません。それでも新たな利用者を獲得できているのですから、生協の宅配サービスには、ネットスーパーにはない魅力があります。

コロナ禍初期のころ、大手スーパーが運営するネットスーパーでは、とくに人気商品の品切れが多いうえ、配送のキャパシティにも限りがあるため、利用したくとも、システムで受け付けてもらえないという事態が多く発生していました。

それに対し生協の定期宅配の場合、そもそもが受注仕入に近い形態（注文後1週間で配達される）のため、商品が手に入らないということは稀であり、配達される時間帯もほぼ一定しています。さらに、以前から置き配をしてくれるので、外出中でも受け取ることができて便利です。

また、コロナ禍では、注文後、15分から1時間程度で商品を届ける、**Qコマース**に参入する企業も増えました。

日常での買い物にも不自由するなか、そのニーズへの対応を入り口に事業拡大を目論むＩＴ系のスタートアップ企業が多く、なかにはコロナ禍が落ち着きを見せる前にすでに市場から撤退してしまったところもありますが、その一方で、Ｑコマースの仕組みを利用したいと考えている食品スーパーやドラッグストアは少なくありません。

10年近く前、アマゾンが仕掛けたころのスピード配達は、競合との差別化を打ち出すためのものという印象が強くありました。本格的な顧客サービスとして成立させるうえで、最低限のニーズがあるかどうかを深く考えずにチャレンジしたようなきらいもありました。しかし、その後のテクノロジーの進化やネット通販の物流に対する理解の深化に加え、UberEatsや出前館、Woltなどが提供するフードデリバリーサービスをはじめ、時間を短くできれば配送料がかかってもかまわないタイパ（タイムパフォーマンス。時間対効果）を重視する若い世代も増えてきています。

お届けスピードによる差別化には「時間枠指定」と「スピード」がある

時間枠指定で効率のよい配達体制を組む

ここでは、前述した時代の動きを踏まえ、お届けスピードによる差別化戦略について考えていきます。

この章の冒頭で述べているように、スーパーコンビニエンスを提供するお届けスピードには、大きく分けて、利用者の希望するタイミングに届ける（**時間枠指定**：Time Slot）ものと、注文からとにかく早く届ける（**スピード**：Speed）ものとがあります。

ひとまず、それぞれについて、物流視点からの特徴について見ていきます。

時間枠指定の場合、受け取り手のほうから都合のよい日時を指定するわけですから「受け取りやすい（届ける側からすると、受け取ってもらえる可能性が高い＝不在がない）」といえます。また、時間枠指定での注文の多くは「明日使いたい」という性急なものではありませんから、配達する側からすれば、慌てて届けなくてもよい注文ということになります。もちろん、だからといって気楽に扱えばいいというものではありません。十分な時間があるからこそ、一層、ていねいな配達が求められると考えるべきでしょう。

時間枠指定は手渡しが前提となるサービスです。置き配や宅配ロッカーは利用しないため、高級品やこわれもの、ていねいな扱いが必要とされるもののほか、マンション内に宅配ロッカーが設置されていても、全戸で使えるだけの十分なロッカーがないという場合にも好んで利用されると考えられます。ただし、土曜日の午前中枠のように、多くの人にとって利便性が高いと思われる時間枠に配送依頼が集中しやすいという課題もあります。

時間枠指定の場合、当然、時間枠によってバラつきが出ます。しかし、配達までに時間的余裕があれば、事前に配車台数を調整することも可能でしょう。効率のよい配送体制を組むことにもつながります。

また配送キャパシティを超えないよう、時間枠内の配達数量の上限を設けておけば、配達現場に過重な負荷がかかるのを回避できます。たとえば、家具やエアコン、冷蔵庫、洗濯機など、据え付けが必要なものについては、届ければ終わりでなく、その後の作業にも時間がかかるわけですから、それを見越した上限設定が求められるでしょう。

時間枠の上限設定は配送作業だけの問題にとどまりません。物流センター内全体の作業量のコントロールにもつながり、ある日時に極端に作業ボリュームが膨らむこと（波動）を避けることにもつながります。

注文確定から配達までを早くするメリット

一方、スピードが優先される場合というのは、利用者からすると「誕生日プレゼントを買い忘れてしまった」「とにかくクリスマスプレゼントに間に合わせたい」といったケースが典型ですが、「モニターの液晶が壊れてしまった」「キーボードが故障した」など、仕事上の緊急事態が生じた場合にもスピード対応してもらえると大いに助かります。

商品を販売する側にもメリットがあります。注文を受けてすぐに商品を届ければ、注文したことを忘れられてしまうことも回避できます。

深夜の時間帯でのネット注文などでよくいわれたことですが、日中にイライラすることがあって衝動的に注文ボタンを押してしまったというような場合、注文そのものを忘れてしまったり、日時指定をしたのにもかかわらず外出をしてしまったり、不在票が入っていても何のことなのか忘れてしまって、いつまでたっても商品を受け取らない、といったケ

■ お届けスピードによる時差別化の2つの型

時間枠指定（タイムスロット）

- 利用者の希望する時間に届ける
- 受け取り手が受け取りやすい
  →早く届けなくてもいい注文も多い
  →手渡しが前提になる
- 波動（増減）をコントロールできる
  →オペレーションコストを下げられる

スピード

- 注文からとにかく早く届ける
- 「早く受け取りたい」に答えられる
- 忘れられること・キャンセルを防止
  →売上減を減らせる
  →イレギュラーな作業を減らせる
- できる会社とできない会社で差が出る

ースも珍しくはありません。しかし注文をした記憶が残っている間に商品を届けられれば、「注文忘れ」のリスクも軽減されるでしょう。

また、注文確定から、商品の出荷、配達までに時間がかかると、他のECサイトや店舗で早く手に入るとわかれば、注文キャンセルの可能性が高まります。売上減につながるのはもちろん、ネット注文でのキャンセルは、通常、出荷までの作業をどんどん進めているなかでの出荷ストップになるわけですから、そこまでの作業コストだけ発生して売上が立たないことになります。

そればかりか、梱包をはじめ途中まで出荷作業を進めていた商品は、そのままもとの棚に戻せば済むわけではありません。良品かどうかを確認する検品作業や再度パッケージに入れ直す製品化などのイレギュラーな作業が必要になり、そのため余計なオペレーションコストが発生したのと同じマイナスの影響が生じます（目に見えるコストの発生がなくとも、本来なら売上の立つ出荷作業に割り当てられる時間が、売上を失ったイレギュラーな作業にとられてしまう）。

ネット注文におけるキャンセルは、店頭でのそれとは違い、大きなコストを伴うものなのです。

その意味でも、スピードによる差別化が実現できれば、出荷側、販売側にとってのメリットはより大きなものになります。

会社の戦略次第でどちらを優先すべきかは変わる

時間枠の設定だけであればすぐにうたうことも可能で、配車計画をはじめとした時間帯ごとのコントロールは比較的やりやすいといえます。一方で、たとえばバレンタインデーやクリスマスといった世界中の人にとっての特別な日に対する日付指定については、無難な上限設定をすれば商機を逃すことになるかもしれませんし、反対に上限を緩く設定した場合、現実問題として対応しきれるかどうかという心配も出てきます。時間枠設定を実現するためのノウハウがあるか、（その場しのぎではない）持続的に対応できる体制作りができるか、そうした利用者の目に見えないところでの違いが、先々の大きな差になって現れてくると考えられます。

一方、スピードに関しては、できる会社、できない会社で、確実に差が出てきます。当日配達できる会社とできない会社があったときに、その差はなかなか埋めることはできません。

時間枠設定にするか、スピードにするか、あるいは両方を追求するか。どの道を選ぶかは、会社の考え方次第。しかしスーパーコンビニエンスを提供するためには、いずれも選ばないという安易な選択肢はありません。

ではどうすれば、お届けスピードによるスーパーコンビニエンスを実現できるのか。次からは、先進の事例をもとに考えていきましょう。

アマゾンの「スピード」戦略

スーパーコンビニエンスを実現している企業として、だれもがまず思い浮かべるのは、世界最大のEC企業、アマゾン（Amazon）です。

アマゾンは4つの理念、「お客様を起点にすること」「創造への情熱」「優れた運営へのこだわり」「長期的な発想」を指針とし、創業来「地球上で最もお客様を大切にする企業」であることを内外に明言しています。

物流サービスに関しては、消費者に近づくことにより、配送スピードや利便性を向上させてきました。物流拠点と消費者との距離が近ければ、配達スピードにしても、時間枠に対しても、高い品質を提供し続けられるという考えが基本にあります。

では同社では、具体的にどのような施策を進めてきたのか。

アマゾンの日本国内にある物流拠点から考えてみましょう。

消費地に近い都心部に物流拠点を集中

現在日本のアマゾンでは、いわゆる物流センターにあたるＦＣ（フルフィルメントセンター）、通過型の出荷拠点になるＤＳ（デリバリーステーション）、アマゾンネットスーパーの専用倉庫、店舗を展開しています。

ＦＣは25か所以上にあり、いずれも郊外立地で一部は都心部に近い郊外または消費地です。それに対し、消費者へのラストワンマイルを担うＤＳは50か所以上、消費地に近い都心部に集中しています。

エリア別では、人口の集中する関東地方が圧倒的に多く（ＦＣ11、ＤＳ15、ネットスーパー５、店舗１の合計32か所）、関東エリアに全物流拠点の４割が集中しています。次いで近畿エリアが約２割（ＦＣ６、ＤＳ４、ネットスーパー１の合計11か所）を占めています。２０２３年には、関東地区（千葉県千葉市と埼玉県狭山市）に２か所ＦＣが新設され、新たなエリアへのＤＳの開設も進んでいます。

これら施設にはアマゾンの最新のテクノロジーが、日々、導入されています。作業者が広いＦＣ内を歩き回らなくても、商品の品出し（ピッキング）や棚入れができるように考えられたアマゾンロボティクス（ピッキングする商品の入った棚や、商品を保管する棚を、お掃除ロボットのような形状の自律走行型ロボットが、作業スタッフのそばまで移動させてくる）をはじめとして、自動で箱梱包したり、紙製梱包したりする機械も導入しています。また、コロナ禍には、作業スタッフ間の安全な距離を保つため、どのくらい離れているかをＡＩカメラで自動検知するテクノロジーの導入もしていました。

サプライチェーンを短くする物流ネットワーク

顧客までの配送スピードを最適化するため、消費地に近いところに物流拠点を設けていくアマゾンの取り組みは、事業の立ち上げ時から進められていたことではありません。米国アマゾンの場合、西海岸、シアトルの地下倉庫からスタートし、次に東海岸、そして大消費地へ、さらには消費者のより近くへと、段階的に物流拠点を設け、その機能を変化させてきました。

当初、アマゾンの物流センター（フルフィルメントセンター：ＦＣ）は、本社のある西海岸のワシントン州シアトルに１か所あるだけでした。西海岸から東海岸まで約５０００㎞、飛行機での移動だけで5時間もかかる米国では、１か所のＦＣで全米を対象にしたＥＣを展開するには、どうしてもサプライチェーンが長くなってしまい、商品の仕入れにも、配送にも不便です。

そこで必要とされたのが、全米を対象にした物流ネットワークです。大胆にも元ウォルマートで物流を担当していたジム・ライト氏を招へいし、物流ネットワーク構想を立ち上げ、アマゾンは物流拠点を全米に増やしていきました。

物流ネットワーク構想実現の第一歩は、東海岸のデラウェア州へのFC設置でした。大消費地ニューヨークにも近いところに物流拠点を設けたことでサプライチェーンを短くでき、在庫も拡充、広大なアメリカ大陸を東側と西側からはさむかたちで、宅配便を利用して全米に配送するという方法をとりました。

次に、大手宅配便事業者UPSが航空便のハブとして利用している空港周辺にもFCを多く設置していきました。夜間便を使って大都市に荷物を送る拠点となるハブ空港までの距離を短くすることで、全米ユーザーに大量の荷物を早く届けることが可能になります。そこでUPSのハブ空港があるルイビル周辺に多くの物流センターを設置していきました。

次に、大消費地に近く、消費税率の低い州に多くFCを設置していきます。コストのかかる航空便の利用をできるだけ減らし、コストの低いトラック輸送を使って低コストでの配送を実現するためです。

そしてその次に打った手が、アマゾンユーザーが多く住むエリアへのＦＣ展開、消費立地型ＦＣへの戦略転換です。２０１２年には、消費税が高いことから設置を避けていたカリフォルニア州にもＦＣを作りました。消費税よりも、顧客への配送スピードを優先したのです。

その後、アマゾンでは、さらに消費者の近くへ、近くへ、ということで、ソーティングセンター（ＦＣから出荷された梱包済みの商品を行き先別に仕分けるセンター）やデリバリーステーション（ＤＳ：ラストワンマイルを担うデポ）を設けていくわけですが、配送のスピードや利便性を高めていくという狙いがありました。

段階的に機能に差をつけて物流拠点を展開

日本の国土は、全米の25分の1のスケールしかありませんが、日本のアマゾンでも米国同様、段階的に機能に差をつけたFC、DS、ネットスーパーの拠点展開を図っています。アマゾンジャパンが、この3年ほどの間に拠点数を一気に増やしているのがDSです。2023年には11か所に新設され、現在は50か所以上で展開されています。

このDSではどのような作業が行なわれているのか。

2022年8月に、沖縄県内初のDSが設置されました。公開された同所での作業の流れを見ていくと、次のような流れになっています。

県外の物流拠点から届いた荷物の荷下ろしから始まり、荷物の登録、仕分け、ドライバーによる荷積み作業が行なわれます。

仕分けでは商品の配送地域ごとに分ける作業が行なわれる際に、作業スタッフは指先に小型のスキャナーをつけており、スキャナーで商品のバーコードを読み込むと、対象商品の入る箱が点灯するようになっています。

また、ドライバーによる荷積み作業は、スマートフォンのアプリによる指示に沿って行ないます。以前は、指定された棚に置かれた商品をドライバーが1個ずつ積み込んでいましたが、最新のDSでは専用の配送バッグに商品が入った状態で置かれるようになり、ドライバーはそのバッグごとトラックに積み込めばすぐに配送に出かけられます。この仕組みは2019年の後半ごろ、米国で始まったとされていますが、アマゾンの場合、こうした効率化のための工夫は、日々、随所で進められています。

沖縄県の場合、FCを設けても採算には乗らないといわれますが、このDSの機能をうまく活用すると、都内FCからの飛行機便経由により、沖縄県内でもプライム会員向けの当日配送を実現できるのではないかと考えられます。

ラストワンマイルを担う宅配会社の活用法

アマゾンの配送スピードや利便性の向上を支えているのは、戦略的に配置された物流拠点だけではありません。その物流拠点から先のラストワンマイルを担う宅配会社の活用法にもポイントがあります。

米国では、大手宅配会社を使っています。初期はＵＰＳだけでしたが、量が増えて、ＵＰＳが数量制限をすると、次はフェデックスを加えました。同様に数量制限が入ると地域宅配会社を利用しました。最後に使ったのが、米国郵便公社（ＵＳＰＳ）です。

米国アマゾンでは有名な話ですが、物流品質で宅配業界トップ２社（フェデックス、ＵＰＳ）には大きく劣るといわれ、シェアでも大きく引き離されていた業界３番手のＵＳＰＳでしたが、作業の単純化や従来休日だった土曜日の稼働といった活用法により、アマゾンのＰＤＣＡでアマゾンがめざす物流品質とスピードを実現させ、トップ２社に引けをとらない配送体制を構築しました。

現在、アマゾンジャパンでは、ヤマト運輸、日本郵便、佐川急便といった宅配大手の利用ももちろんありますが、自社でコントロールできる宅配部隊（便宜上アマゾン宅配と呼びます）も抱えています。主として中堅以下の地元に根差した配送会社である「アマゾンデリバリープロバイダ」と、個人で配送を請け負う自営業者が登録する「アマゾンフレックス」です。

自社で配送をコントロールできれば、一般の宅配便に比べて早い配送スピードで届けられ、再配達を減らす効果のある置き配への対応も無理なく進められます。２０２３年7月現在、置き配の利用可能地域は40都道府県に広がり、利用率も75％に達しています。

また、一時期、ヤマト運輸が提供していた当日配送サービスは、同社のサービス撤退により利用できる範囲が縮小されましたが、いまも、アマゾン宅配により、プライム会員対象サービスの「当日便」（たとえば15時までの注文なら、同日18時～23時までに配達）を利用できるようになっています。

アマゾンジャパンの宅配会社利用率の推移

アマゾンデリバリープロバイダの利用率は約4割（2020年11月時点）。大手と遜色のない配送品質を担保するため、配送品質のチェックを繰り返しながら、利用率を高めてきました。

2017年3月、ヤマト運輸は働き方改革による労働時間の制限から、「これ以上宅配便の取扱いが増えると、出荷の翌日到着という機能が維持できなくなる」という宅配クライシスが叫ばれました。そうした背景もあり、ヤマト運輸は27年ぶりの宅配料金値上げを実施しましたが、そのタイミングでのアマゾンジャパンの宅配会社利用率は、ヤマト運輸が圧倒的で7割以上を占めていました。

それに対し、2017年4月時点でのアマゾン宅配はわずかに6%程度。それがコロナ

■ アマゾンジャパンの宅配会社利用率の比較

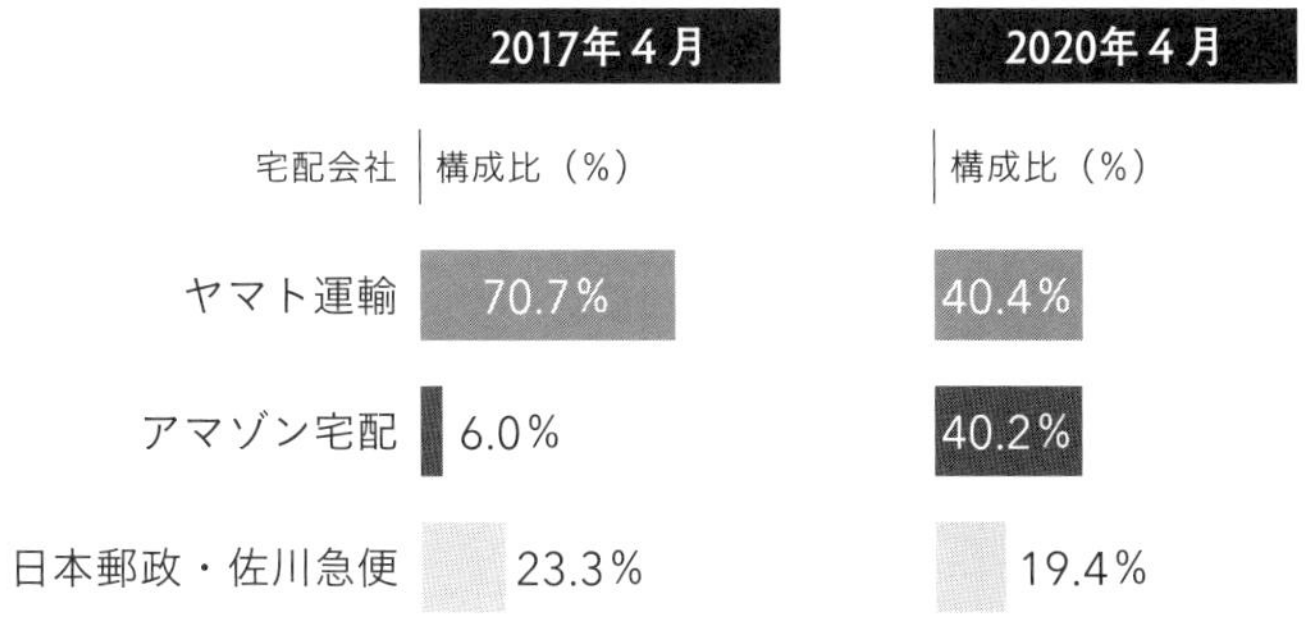

出所：再配達削減アプリ「ウケトル」調べ
※到着日ではなく発送日ベース

コロナ禍を経てアマゾン宅配の利用率はヤマト運輸に匹敵

禍になると、一気に4割を超え、ヤマト運輸にほぼ匹敵する利用率になりました。

新型コロナウイルスの感染拡大当初には緊急事態宣言や学校の一斉休校といった行動制限もあり、日常の買い物さえ自由にならない時期がありました。それらにより、これまでEC利用には少し距離を置いていた層の間でも、ECの利用率が高まっていきました。

通常、宅配便の場合、対面での受け取りが決まりになっています。しかし、コロナ禍では商品の受け渡しにも非接触が推奨され、宅配便による商品の受け取りがしづらいという問題が生じていました（その後、特例で、受領印なしでの受け渡しが認められるようになりました）。その場面で強みを発揮したのが、いち早く置き配を導入していたアマゾン宅配です。この時期においては、コロナへの感染の不安なく商品を受け取れる置き配は、利用者にとっての利便性向上であり、大手宅配会社との差別化にもつながりました。

利用者は「マーケットプレイス＝アマゾン」ととらえている

アマゾンのＥＣサイトでは、自社で販売する商品のほかに、マーケットプレイスと呼ばれるアマゾンのＥＣ機能を利用して第三者が販売する商品もあります。利用者からすれば、多くの場合、どちらもアマゾンで買っているという意識になるでしょう。ということはつまり、マーケットプレイスで販売された商品であっても、その物流品質（スピードや梱包状態、配達時のていねいさなど）に問題があった場合、アマゾンの物流に対する不満につながるということです。

アマゾンでは、マーケットプレイスの出品者向けに、商品の保管から出荷・配送までをアマゾンが代行するＦＢＡ（Fulfillment By Amazon）というサービスを提供しています。ＦＢＡを利用すれば、アマゾンの商品と同じ物流品質により、購入者に商品を届けられます。アマゾンとしては、ＦＢＡを利用してもらえば、顧客満足度を高められると考えており、その利用を積極的に勧めてきました。

現在、ＦＢＡを利用する出品者数は８万社以上といわれています。アマゾンのＦＣは国内に25か所以上ありますが、商品の納入先は、必ずしも最寄りのＦＣではありません。顧客への配送スピードを最適化するため、アマゾンのテクノロジーやＦＣごとの在庫数量、今後の需要の見通しなどを考慮して最適な納品先ＦＣを決定しています。商品納入後に需要予測にもとづき、ＦＣ間の商品の移動（横持ち）を行なうこともあります。

このＦＢＡにおいても、アマゾンが販売する商品と同様、商品の預かり、商品保管、棚出し、梱包作業、出荷に至るまで、配送を効率化する流れのなかで運用がなされています。

グーグルさえ追随をあきらめるアマゾンの物流最適化

「地球上で最もお客様を大切にする企業」であるアマゾンには、ここまでやれば終わり、このレベルまで上がれば十分、といった概念はありません。絶えず、チャレンジを続けています。

アマゾン仕様の配送用電気自動車（バン）はその一例です。自身でも出資を行なうリビアン（Rivian）に対し、２０３０年までに最先端の機能を搭載した配送車両10万台を発注しており、すでに２０２２年の夏ごろから展開が始まっています。

以前、アマゾンに負けじと、グーグルが自社配送車によるＥＣ（Googleショッピング）を提供していましたが、現在はすっかり開かなくなりました。アマゾンが絶えず追い求めている配送スピード、物流の最適化は、グーグルさえ追随をあきらめてしまうほどの、差別化につながっています。

ヨドバシエクストリームのスピードを支える仕組み

驚異のスピードを誇るヨドバシカメラのECサービス

10年近く前、アマゾンが仕掛けたスピード配達にチャレンジし、いまもそのままサービス提供を続けているところはごくわずかしかありません。仕掛けたアマゾンでさえ、当時からはかなり内容を絞ったものに変化しています。

そのなかで、いまも勢いをもってサービス提供を続けているのがヨドバシカメラのECサービス、ヨドバシ・ドット・コムの「ヨドバシエクストリーム（YODOBASHI XTREME）」です。ドローンやスケートボード、トレイルランニング、パルクールなどの映像を題材に配達スピードを訴求するおもしろ動画を何本も制作、無料動画サイトを通じて配信するなどプロモーションにも力を入れ、メインのサービスとして展開しています。

「ヨドバシエクストリーム」は２０１６年9月にスタートしました。

ボールペン１本からでも配送料金は無料で、最短2時間30分以内に配達するというもの。当初、取扱商品は43万品目程度でしたが、その後、８００万品目まで拡大、店舗で扱う商品すべてがヨドバシエクストリームの対象になっています。

同社ではこのサービスのために、東京都内では東京都23区内全域をカバーするサービス拠点を開設（13か所）し、約３００台の配達サービス車両と自社の地域専任担当者によるきめ細かな配送サービスを行なっています。

このサービスを実現するために「受注後、5分で商品をピッキング」「30分以内に出荷」「自社社員による最短2時間30分での配送体制」「配達予定時刻を事前に1分単位でメール連絡」というサービスレベルを確立させました。

配達予定時刻から前後してしまう場合には、事前に電話連絡が入るという対応も、よく知られているところです。コロナ禍以前から、商品によっては、ポスト投函をして配達効率を優先していました。

ヨドバシカメラは通常、ヨドバシ・ドット・コムの配達を宅配業者へ委託していますが、ヨドバシエクストリームでは自社社員が配達をすることにより、こうした迅速で柔軟な対

■ヨドバシエクストリームの配達車両

イー・ロジット撮影

応を可能にしています。

ヨドバシエクストリームは配達対象エリアも確実に広げてきています。

サービス開始時には、東京都23区全域と、武蔵野市・三鷹市・調布市・狛江市の一部が対象になっていましたが、川崎市にある巨大物流センター（ヨドバシカメラアッセンブリーセンター川崎）に加え店舗を商品の在庫拠点としても活用できる体制が確立されており、旗艦店を出店するたびにヨドバシエクストリームのサービス提供エリアを拡大しています。これまでに、東京都23区全域、東京都下・横浜市・川崎市・相模原市・新潟市・甲府市・甲斐市・中巨摩郡・仙台市・札幌市・大阪市・京都市・福岡市の一部地域にまで広がりました。

配達車両も、軽トラック中心から小回りの利く3輪バイクの利用が増え、狭い道を通る配送ルートの設定も可能です。また、たとえば、東京・秋葉原の旗艦店の場合、配達に出かけていくトラックが、時間帯によっては7、8台並ぶこともあります。そのときどきの注文状況に応じて、あらかじめ1台当たりの配達件数を決め、配達所要時間から一度に何件分を運ぶかを逆算して、ドライバー一人ひとりが、それぞれ繰り返し、配達を行なう流れになっていると考えられます。

「店頭取り置きサービス」は24時間受け取り可能

ヨドバシエクストリームによるスピード配達はヨドバシ・ドット・コムの特徴のひとつですが、スピードという点では店頭取り置きサービスも驚くほどのレベルにあります。

受け取りを希望する店舗に在庫がある場合に限られますが、注文から30分以内で商品を受け取ることができ、そのうえマルチメディア梅田（大阪府）、マルチメディアAkiba（東京・秋葉原）、マルチメディア博多（福岡市）の店舗であれば、24時間受け取りが可能です。

ヨドバシエクストリームはスピード配達を目的としたサービスのようにいわれています。しかし同社によると、もともとはスピード配送を意識したものではなく、「配送の効率化」

「配送レベルの向上」を追求していった結果、世間でいわれるところのスピード配送にもなった、ということです。

顧客の都合に合わせて届けることを目的に、物流業務の効率化を徹底的に進めていったところ、受注後5分で商品をピッキングし、30分以内に出荷できるようになり、最短2時間30分で商品を届けられる体制の構築につながりました。

日本企業の場合、現場スタッフたちの頑張りによりサービス品質の向上を実現していくことが多いのですが、同社の場合、もちろん現場スタッフの頑張りもあるのでしょうが、業務効率化に対する全社的な理解があるからこそ、持続可能なサービスになっていると考えられます。

コロナ禍を経て、利用者の増加と、現在の物流にまつわる諸事情（働き方改革やドライバーの確保難など）により、さすがに最短時間での配達完了は厳しくなっているようですが、サービス内容は縮小されることなく、継続されています。

顧客の買い物が完了するのは「決済」時点ではない

ではなぜ、ヨドバシカメラはこのヨドバシエクストリームを継続できているのでしょうか。

ひとつ大きいと考えられるのが、同社では、早くから、物流を自分たちの力でコントロールしようと努めてきたことです。

同社が主として扱う商品のなかに、顧客先での据え置き・据え付け、配線などを含めた設置などが求められる家電製品があります。大型家具などでもいえることですが、顧客からすれば、すぐ使える状態に設置されて初めて、家電の買い物が完了したことになります。それに応えるためには、自分たちのサービス領域は、店頭やＥＣでの決済時点では終わらず、顧客のもとに確実に届けるまでという意識が必然的に求められます。さもなければ顧客から支持され続けなくなってしまうからです。

同社の藤沢和則社長は、副社長当時に「せっかくよい商品でも、手元に届くときの配達員の対応が悪いと、お客様は寂しい思いをすることになる。お客様が注文から手元に届くまでの、すべての過程において、満足していただくことが大事」と語っています。

システム構築による在庫管理の徹底

こうした意識を組織として強力に支えているのが、システム構築による在庫管理の徹底です。

同社では、１９８８年に物流拠点を開設していますが、その時点で、店舗、倉庫、トラック移動中、店頭取り置きといったステータス別の在庫の一元管理を可能にしていました。「ヨドバシ・パーソナルストア」として同社がネット通販をスタートしたのは１９９７年10月。２０００年5月に「ヨドバシ・ドット・コム」に名称を変更し、在庫情報をネット上に公開しました。２００３年からは店頭取り置きサービスも開始し、現在、商品ごとに店舗単位で「◎在庫あり」、「○在庫残少」、「▲お取り寄せ」、「―在庫なし」の情報がリアルタイムに表示されるようになっており、さらにヨドバシエクストリーム対象商品の場合は、最短でいつまでに配達できるかの目安も示されています。

店頭で欲しい商品が確認できない場合、店舗スタッフの「商品を確認してまいりますので、少々、お待ちいただけますか」という対応をよく見かけますが、ヨドバシカメラの場合、わざわざそうした対応に時間をかけなくとも、瞬時に在庫情報を顧客に伝えられます。もちろん顧客自身がネットから確認することも可能です。

これだけの環境が整備されていれば、スタッフは商品在庫の有無の確認に時間を費やすことなく、目の前の顧客の利便性をいかに高めるか、に集中できます。

「顧客志向」を「自己満足」に終わらせない

たとえば些細なことですが、梱包箱への工夫によっても顧客の利便性を高められます。どこのＥＣでも、梱包用のテープは配送中に商品が飛び出さないようにしっかりと留められています。その一方で、購入者が梱包を解こうとしたときには、テープをはがすのに苦労することも少なくありません。最近の同社の梱包を見ると、以前、書店などではレジでの接客時によく見られたことですが、開梱時にテープがはがしやすいように端の部分を折り返しています。

段ボール箱には別途、点線が入っていて、そこを押し込めば、テープを容易に引きはがせる構造になっていますから、とくに折り返しがなくても不便さはないように思われますが、点線の加工部分がわかりづらい人に対する配慮から考えられたものなのでしょう。

こうした自動化しにくい工程を入れているのも、顧客の利便性を重視している同社ならではと考えられます。

同社の顧客志向が自己満足に終わっていないことを示すデータがあります。

公益財団法人日本生産性本部により設立されたサービス産業生産性協議会が２００９年

より発表している「ＪＣＳＩ（日本版顧客満足度指数）調査」において、ヨドバシカメラは家電量販店で13年連続、ヨドバシ・ドット・コムは通信販売で10年連続、それぞれ顧客満足度１位に選ばれています。全業種（小売、観光・飲食・交通、通信・物流・生活支援・金融）でも、ヨドバシ・ドット・コムは劇団四季に次ぐ第２位となっています。

また運営コストという点でも効率性を高めていると考えられます。

ＥＣの場合、店頭販売に比べ配送コストが余分にかかります。とくにヨドバシ・ドット・コムのように顧客が送料を負担することなく利用できるＥＣサービスの場合、その分まるまる販売原価に上乗せされることになります。

普通に考えれば、ＥＣの比率が高くなればなるほど、利益率への影響も大きくなるわけですが、家電量販店業界でも圧倒的にＥＣ比率が高い（３割近くを占める）ヨドバシカメラの場合、業界トップのヤマダホールディングスをはじめとした上位企業よりも大きい経常利益を稼ぎ出しています。

このことからも、同社の自社配送体制がいかに効率的に運営されているかがわかります。

自分で買い物するよりも早いＱコマースの可能性

注文してから時間を待たずに商品が届く

コロナ禍での行動制限のもと、身近なサービスとして、新たに注目を集めたのが、ＥＣからの注文後、15分から1時間程度で商品を届ける、「**Ｑコマース**（Quick Commerce）」です。大きく分けて、ＩＴ系のスタートアップ企業が自前のＥＣ専用の店舗（ダークストア）により運営するものと、フードデリバリーサービスを提供する企業がスーパーマーケットやドラッグストアとの協業により運営するものとがあります。

コロナ初期には、大都市圏を中心にサービスエリアが展開されていましたが、コロナが落ち着きを見せると、日常の買い物が不便な地域でのサービス提供も増えてきました。一定額以上を購入すれば配送料が無料になるネットスーパーと違い、基本的には買い物金額のほかに配送料がかかるサービスのため、安定的な利用者の獲得には時間がかかる側面があります。その一方でアマゾンやヨドバシエクストリームよりも早く、スマートフォンから注文してからさほど時間を待たずに商品が届くというメリットが、デジタルへの感度が高く、タイパ重視の若年層に響いているといわれています。

ダークストア型とストア活用型

このＱコマースは、在庫の持ち方によっても2種類に分けられます。ひとつが自社在庫による**ダークストア型**で、もうひとつが**ストア活用型**です。

ダークストア型の場合、自社の在庫を用いて、自転車やバイクなどにより30分未満で配達を行ないます。ストア活用型は他社の在庫を利用して、自転車やバイクで30分未満で配達するというものです。なかには、在庫管理を含めた運営ノウハウを蓄積するためにダークストア型を運営しながら、そこからの知見を活かした配達サービスをシステムごと提供しているところもあります。

ダークストア型としては、ＬＩＮＥヤフー（Ｚホールディングス）内のグループ企業で一体的に運営する「Yahoo! マート」があります。ストア活用型ではフードデリバリーサービ

■ Qコマースには2つの型がある

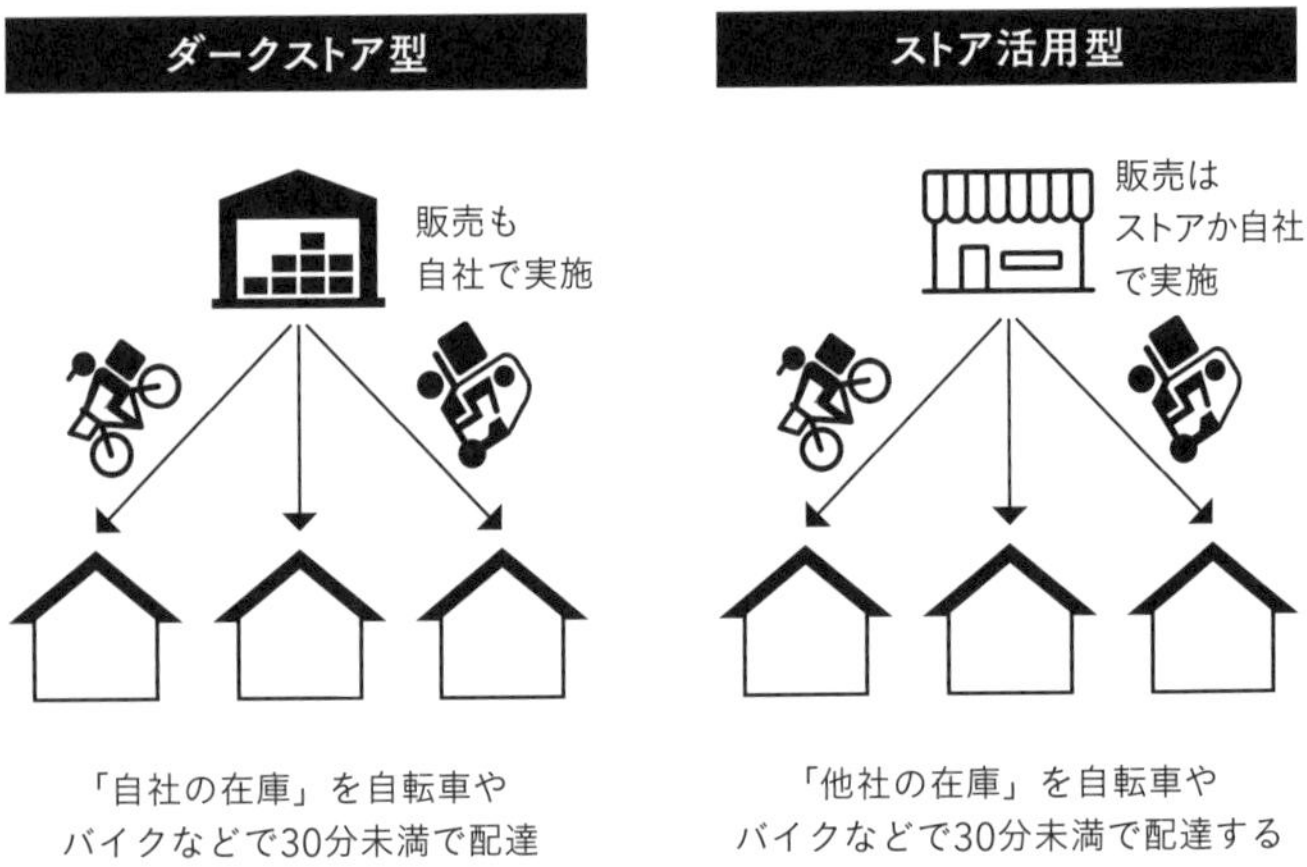
ダークストア型
ストア活用型
販売も
自社で実施
販売は
ストアか自社
で実施
「自社の在庫」を自転車や
バイクなどで30分未満で配達
「他社の在庫」を自転車や
バイクなどで30分未満で配達する

スのWoltや出前館、UberEatsなどがスーパーマーケットやドラッグストアと提携して（あるいはプラットフォームへの出店により）サービス展開するもの、エリアによって両者を使い分けているところとして日本のベンチャー企業が運営する「OniGO」があります。

「Yahoo!マート」は、ヤフーのECプラットフォーム、出前館のデリバリーサービス、BtoB向けのアスクル、BtoC向けのLOHACOを運営するアスクルが一体となって運営するダークストア型のQコマースで、出前館、専用アプリ、Yahoo!ショッピングから注文できます。当初の実験段階では「PayPayダイレクトby ASKUL」というサービス名で展開していましたが、本サービスとなる際に、消費者によりなじみのある名称としてYahoo!マートに変更されました。

ダークストアは、東京に21拠点、千葉に1拠点あり、半径4㎞を対象に最短15分～1時間程度で出前館のスタッフが配達します（送料は200円から）。ダークストアのなかには来店購入可能な店舗（2店舗）もあります（本書執筆時点）。

「OniGO」はベンチャー企業のOniGOが運営するQコマースです。配送スピードで他を圧倒するサービスにしたいということから、〝鬼のように早く〟という意味をもたせてOniGOとネーミングしました。

注文から「10分以内で配達」を基本とすることの裏返しとして、1配送拠点当たりのデリバリーエリアは、Yahoo!マートに比べ最大でも4分の1の範囲という半径1～2㎞圏に限定しています。配達可能時間は10時～22時。比較的所得の高い世帯の、小さな子どものいる主婦がメインターゲットで、生鮮食品、冷凍食品を含む食品から、洗剤や紙おむつなどの日用品までを配達しています。スーパーマーケットなどとの提携により、首都圏一都三県中心にカバーエリアを面状で拡大しており、対象世帯数は1000万世帯を超えています。

OniGOは、食品を軸とした小売市場は48兆円あり、そのうち2兆円がQコマースになると見積もっており、そこでシェア50％を獲得すれば売上1兆円になるという成長モデルにより、ベンチャーキャピタルから10億円を超える資金調達も行なっています。

システムは自社開発。日々の自社運営および提携によるQコマースから得られたデータや知見は随時、受注や配送を含む運用システムに反映されていきます。今後はデリバリーサービスのみならず、システムの提供なども行なっていく計画です。

Woltは北欧、フィンランド発のデリバリーサービスで２０２０年3月、新型コロナウイルス感染症の拡大が始まったタイミングで日本国内でのサービスをスタートさせました。日本進出後、米国で同様のサービスを展開するDoorDashにより買収されましたが、日本ではWoltとして展開しています。飲食店中心のデリバリーを手始めに、大手スーパーやドラッグストアなどと提携を結び、エリアを限定し最短30分程度で届けるQコマースのデリバリーサービスを提供しています。

当初はダークストアの運営にも乗り出していましたが、その後、デリバリーサービスに特化しています。

Qコマースは日常の買い物チャネルになれるか？

Qコマースのメリットは、注文後、とにかく早く手元に届けられることにあります。日常の生活のなかで、果たして、この強みが最大限発揮されるシーンがどれだけあるのか。類似の宅配サービスである、ネットスーパー、生鮮食品のサブスクサービスと比べてみると、次のようになります。

ネットスーパーは、日持ちのする葉物野菜を含め、2～3日分の食材をまとめて購入するというパターンが多いといわれています。次にサブスクの場合は、週1回、定期的に有機野菜のように差別化された商品を購入する傾向があります。

それに対しQコマースは、たとえば料理中など手が離せない状況にあって「こしょうが足りない」「ソースを切らしていた」といった急場をしのぐときには便利に使えそうです。そうしたQコマースでなければ助けにならないときに「ついでにこれも買っておこうか」と思わせられるような品揃えを用意できるかも、Qコマースの利用機会を高めるためには重要になってくるでしょう。

現状、流通大手はというと、デリバリーサービスとの提携により、一部でQコマースを提供しているほかは、本格的に参入する気配すら感じられません。

なぜなのか。

Qコマースはプラットフォーム事業です。アマゾン・ドット・コムをみれば明らかなように、投資を続けて、市場を掘り起こし、そこから数年かけて儲けの出る事業に育っていきます。現状ではまだ、どのくらいの規模の市場が見込めるかもわからず、見えているのは、当面、先行投資がかさむということだけです。

上場企業の場合、株主への説明が難しく、収益化までの時間が見えにくいものにはなかなか参入が許されません。

それよりも、目先の利益でいえば、商品の調達力では流通大手のほうが圧倒的に実力は上ですから、Qコマースをサービスとして提供するのであれば、デリバリーの部分だけ借りればいい、という考え方に行き着くのは当然です。

しかしながら今後はわかりません。Qコマース利用のネックになりそうな送料負担について、いまの20代、30代は送料を支払うことに抵抗感がありません。彼らは、それよりも、タイパを優先しますから、Ｑコマースを利用する機会は増えていくでしょう。

また買い物が不便な地域では、移動販売車での買い物の場合、その利便性こそが重要で、商品ごとに手数料を支払うことにも慣れてきています。スマートフォンでの操作に不慣れな人がいれば、離れたところに暮らす家族が代わりに発注することも、システム設計上は可能です。

ただし、いまの姿の延長として、複数のサービス事業者が、適正な利益をあげながら、市場シェアを分け合うという構造は、想像しづらいと考えられます。現在のプレイヤー同士の統廃合が進むか、ある段階で大手が事業を買い取るかといったかたちで、Ｑコマースのプラットフォームが残っていくという可能性もあるでしょう。


この項目の最後に、差別化戦略としてとにかく早く届けるタイプのお届けスピードを構成するものについて、あらためて整理しておきたいと思います。

お届けスピードは、商品の受注から出荷までのスピードと、デリバリーのスピードによって決まります。

つまり、出荷準備までのスピードがいくら早くても、ドライバーの確保ができなかったり、配送ルートの取り方にムダがあれば、お届けスピードはけっして早いものにはなりません。同じように、いくら効率よくデリバリー可能な体制が構築できていたとしても、出荷までの作業で混乱が生じるようでは、差別化戦略としてのお届けスピードを提供していることにはなりません。

出荷作業とデリバリーのスピードのバランスは、提供する商品の特性によっても異なります。

あるドラッグストアチェーンでは、デリバリーサービスと提携した配送サービスを提供していましたが、1日の配達件数で稼ぐGIGワーカーがデリバリーを担っていたため、医薬品等の商品の受け渡しを急かされたり、また届け先での受け渡しが少々、雑になってしまったり、ということが重なり、結局、もう少しゆっくりとデリバリーするサービスに変更することになりました。

またあるQコマースのケースでは、注文を受けてから商品の出荷までに2分、顧客の手元に届くまで10分というモデルを構築していましたが、十分な顧客を獲得できず、早々に撤退してしまいました。

最新のテクノロジーを使って最短、最速でのデリバリーにチャレンジする試みも行なわれています。たとえばキッチンカーを走らせながら車内でピザを焼き、焼きたてのピザを最速で届けるというモデルが考えられましたが、最終的に当局からの許可が下りなかったため、ビジネスの展開にまで至りませんでした。

お届けスピードによる差別化戦略は、ただ早ければよいというものではありません。もちろん競合他社が追随できないほどのスピードを実現できれば差別化にはなります。しかし、それだけで顧客を獲得し、顧客満足度を高められるかといえば、そうとは限りません。

商品の出荷から、デリバリーまで、短時間、最速でオペレーションを回せるのは大切なポイントですが、それ以上にそのスピードを顧客の期待値に合わせて安定的にコントロールできる体制が重要になります。

第4章

「品揃え」による差別化戦略

品揃えは単純に多ければいいというものではない

小売業の業態別取り扱い品目数

スーパーコンビニエンスにおける差別化戦略のもうひとつの柱が品揃えです。品揃えによる差別化を考える際に、事前に頭に入れておきたいのが、小売業の業態によるSKU数の違いです。**SKU**は「Stock Keeping Unit（ストック・キーピング・ユニット）」の略語で、商品を管理する際の最小管理単位のことで、同じ商品でもサイズやパッケージに違いがあれば、その分、SKU数は多くなります。たとえばアパレルの場合、同じデザインでも、柄や色が何種類もあるため、商品数を大きく上回るSKU数になります。

主な小売業の業態別の取り扱いSKUの平均的な数値は次のようになります。

・百貨店　約100万SKU
・総合スーパー（GMS）　約10万SKU
・ホームセンター（HC）　約10万SKU
・ドラッグストア（DGS）　約1万8000SKU
・スーパーマーケット（SM）　約1万SKU
・コンビニエンスストア（CVS）　約2000〜4000SKU

ＳＫＵの多い百貨店やＧＭＳが苦戦しているのに対し、業界としてまだまだ成長を続けているＣＶＳやＤＧＳのＳＫＵはさほど多くありません。必ずしも、ＳＫＵは単純に多ければ多いほどよい（＝生活者に受け入れられる）というものではないことがわかります。

ほかでいえば、買い物困難地域で生活の便を提供している移動スーパー「とくし丸」は３００〜４００ＳＫＵ程度です。イオングループが２０２３年７月から本格的にスタートさせた新ネットスーパー「Green Beans（グリーンビーンズ）」は、当初、約２万ＳＫＵを扱い、１年をめどに約５万ＳＫＵにまで拡大していく計画になっています。

ネットスーパーについては、イオングループをはじめとした大手スーパーだけでなく、地方の中小規模のスーパーでも、サービス提供を始めるところが増えています。ネットスーパー単独での採算を考えると、小さな規模からスタートすることが無難なように思えますが、実はそうではありません。取り扱いアイテム（商品数）の数がキーポイントになります。幅広いアイテムを提供できれば、それだけ注文数も増え、配達効率も上昇すると考えられるのです。

東京・秋葉原駅と茨城県つくば市のつくば駅を結ぶ鉄道（路線距離58・3km）として「つくばエクスプレス」があります。この起点となる秋葉原駅の構内には、スーツケースの常設売場があり、そこでは常時、20〜30アイテムを販売しています。スーツケースだけで、これだけの種類が並ぶ光景は、駅構内を通りがかっただけの人も立ち止まって見てしまうほどのインパクトです。

もっと身近なところでいえば、忙しい人の朝食や昼食、間食として人気の「ヤマザキランチパック」は、山崎製パンが１９８４年から販売を続けているロングセラー商品で、定番のものだけで15アイテム以上あるといわれています。このほかに、季節品、地域限定品、コラボ商品などもあり、スーパーマーケットのなかには、このランチパックだけで棚一本を割いてコーナーをつくっているところもあります。それだけ集客力のあるラインアップになっているということでしょう。

鹿児島県内の小商圏（人口３万人以下）を対象に、24時間年中無休で営業している大型スーパーセンター「A-Z」があります。食品、雑貨、衣料、薬など日常の生活回りのものから、レジャー用品、自動車、骨董、さらには数年の間に動くかどうかわからない仏具まで、常時、38万アイテム以上をそろえ、県内3店舗で年間270億円以上を売り上げています。

この3例は、少々、極端な事例ですが、いずれもしっかり顧客をつかまえ、圧倒的な差別化を実現しています。

では、品揃えによる差別化は、どのように実現していけばよいのか。

その基本として、３つの考え方があります。

単品での差別化を図る「シングルアイテム（Single Item）」（単品）、商品カテゴリーを絞り、そのカテゴリーの商品なら何でも手に入るようにする「フルライン（Full Line）」、ほぼすべての商品カテゴリーを扱う「エブリシング（Everything）」です。

それぞれについて、次項から説明していきましょう。

「シングルアイテム」で差別化する

「単品」にアイテムを絞り込んで販売する

「シングルアイテム」（単品）は、健康食品や化粧品などから、ごく少数のアイテム（ＳＫＵ）に絞り込んで販売するというもの。いま急成長しているサブスクモデル（定時定額購入）の単品通販はわかりやすいケースで、基礎化粧品に特化した化粧品店、ビタミンショップ、黒酢専門店などはその例です。

また最近では、ＳＮＳなどの普及により、同じ好みや趣味をもつ人たちがオンラインを通じて集まり、ニッチながらも熱い市場をつくりあげるケースも増えています。猫のシエフ（ネコシェフ）というキャラクターがチーズ×果実の自慢のお菓子を焼き上げるというストーリーとともに、具体的な商品を展開するスイーツブランド「ネコシェフ」も、シングルアイテムととらえられます。

このシングルアイテムによる差別化戦略のメリットとして、マーケティングコストを下げられる点があげられます。

アイテムが絞り込まれていれば、検索サイトで表示させるネット広告のキーワードも少なくて済みます。それに対して、多くのアイテムを扱う場合、関連するキーワードはそれだけ多くなり、それらの管理（キーワードごとの単価、広告効果など）もたいへんな作業になってきます。アイテム数が多くあれば、よく売れるものもあれば、ほとんど動かないものも出てきます。「売れないから何もしない」ということはなく、「売れないからこそ、少しでも売れるようにしなければ」と、関連の薄いものも含めてキーワード広告を数多く打つことになり、結果として、費用が大きくなってしまうことも少なくありません。

競争相手を減らす（絞る）ことができる点もメリットです。

「何でもあります。すべての商品に自信があります」というのは聞こえはいいですが、印象として「『これが！』という強みがない」と受け取られることもあります。それに対して思い切った絞り込みをしたシングルアイテムを打ち出す場合、「ここなら間違いない！」

というラベリングが可能になります。

仮に同じものを扱っている店があったとしても、One of them と this One では、店側からのお勧め度合や自信、熱量などはまったく違ったものとして伝わるはずです。それによって競争相手が「ここの商品にはかなわない」と感じるようになれば、差別化の効果が現れているということです。ただし、顧客もそれだけの期待をもって利用するわけですから、それを裏切ることは許されないのはいうまでもありません。

シングルアイテムは単品集中ですから、仕入れ商品にしても、製造販売にしても、取引先を絞り、大量に発注できますから、取引条件の交渉を有利に進められます。その結果、仕入れ価格や製造原価を安く抑えられ、原価率を下げられるのです。商品ごとの原価管理も単純化できるでしょう。

商品が絞り込まれていれば、商品に関する専門情報もおのずと限定されてきます。その分、限られた時間でも、狭く、深く知識や知見を蓄えることも可能で、専門化を打ち出しやすく、顧客からの信用や信頼を獲得しやすいと考えられます。

受注業務を効率化できるのも、大きなメリットです。ベルギービールの専門店として人

■ シングルアイテム（単品）のメリット

- マーケティングコストが下がる（キーワード数や広告出稿を減らせる）
- 競争相手を減らす（絞る）ことができる
- 利益率を上げることができる（仕入れ原価や製造原価などのコストを減らせる）
- 専門家（店）として信用・信頼を獲得しやすい
- 受注業務を効率化できる
- 物流業務を効率化できる（アイテム数＝SKUが少なく、荷姿が似ている）

気の店がありますが、フレーバーの違いによる3種しか扱っていません。それらを組み合わせ自由のギフトセットにしても10パターン程度にしかならないため、受注ミスも起こりにくく、また購入する側も選びやすいものになります。

シングルアイテムの場合、通常、アイテム数が少ないうえ、荷姿も似てきます。重さ、大きさ、扱い時の注意点なども、同じように考えればよく、商品の移動や積み込みの際の作業の単純化を図れます。梱包資材や緩衝剤（プチプチのような気泡緩衝材）も共用が可能で、ムダも少なくなります。

商品の保管についても、単品であれば、複雑な棚レイアウトも不要になります。サイズや重量による違いがなければ、棚さえ不要、パレットだけあれば済むこともあります。

このように物流業務の視点からも、シングルアイテムにはさまざまなメリットがあります。

自社で商品の開発、製造、販売まで関わり、受発注などもすべてオンライン上で完結するD2C（Direct to Customer）が、さまざまな業種で増えてきています。とくにシングルアイテムはD2Cとの相性がよいといわれています。投資規模の限られるスタートアップやベンチャー企業がシングルアイテムによるD2Cモデルにより勝機をつかむケースも多くなってきました。

たとえば化粧品分野は、シングルアイテムでの展開が進めやすいといわれています。OEMとして製品開発に協力してくれる企業も少なくありません。しかし、それゆえ、品質に絶対的な差が生まれにくく、イメージ戦略によるブランドのスイッチングが起こりやすいカテゴリーです。

化粧品の場合、いったん使い始めたブランドを長期間愛用するという人は16％しかいない、というデータもあるようです。つまり、残りの84％は他のブランドに乗り換えるというわけです。

こうした化粧品市場の特性を巧みに活用し、世界市場での存在感を増してきているのが、韓国の化粧品です。同じようなタイミングに複数のメーカーが同じような用途の化粧品を発売し、半ば国をあげてのブームをつくり、とくに日本市場を席巻しています。

商品カテゴリーを絞って品揃えする「フルライン」

「専門性」が高まることによるメリット

シングルアイテムはあくまで単品ですが、「**フルライン**」(Full Line) は商品カテゴリーを絞り、そのカテゴリーに含まれる商品ならすべてが手に入るという圧倒的な品揃えから差別化を図っていこうというものです。カテゴリーキラーと呼ばれることもあります。

子ども用品に専門特化したところや、食品スーパーのなかでもオーガニック専門店、冷凍食品専門店などは、フルラインとして位置付けられると考えられます。

このフルラインの場合も、シングルアイテムほどではありませんが、商品カテゴリーの絞り込みによる、マーケティングコストの削減がメリットとしてあげられます。インターネット広告でのキーワード検索広告にしても、専門特化したことにより、対象となるキーワードがおのずと絞り込まれます。

「子どもに関しては何でも揃う」「量販店より子ども向け商品の品数・種類が多い」「販売員に専門的な知識がある」「子ども用品を買うならココ」といった状況を作り出せれば、競争相手を減らせます。

問屋など取引相手も絞り込むことになりますから、取引先1件当たりの仕入れ額も大きくなり、有利な条件で取引することもできるでしょう。その結果、仕入れ価格や製造原価を下げられ、利益率を高めることにもつながっていきます。

絞り込んだカテゴリーに対する専門家として、信用や信頼も獲得しやすくなります。子ども用品のフルラインであれば、「子どものことなら何でも聞いてください」という打ち出しもできます。

物流に関する大きなメリットは、フルラインの場合、まとめ買いが起こりやすい点です。シングルアイテムではあまり見られないメリットです。

特定のカテゴリーに絞り込まれた商品ラインがズラリと揃っているわけですから、買い物をするお客さんも「Aを買ったら、Bも買ったほうがいい。長く使っていれば、Cも

■ フルラインのメリット

- マーケティングコストが下がる（キーワード数や広告出稿を減らせる）
- 競争相手を減らす（絞る）ことができる
- 利益率を上げることができる（仕入れ原価や製造原価などのコストを減らせる）
- 専門家（店）として信用・信頼を獲得しやすい
- 複数商品をまとめて送ることができる（物流コスト比率が減る）

必要になる」などとイメージしやすく、結果、まとめ買いにつながりやすいという傾向があります。一度に複数商品をまとめて送ることができれば、それだけ1商品当たりの物流コストが下がることになります。

今後、物流コストの上昇は中長期的に続くと見込まれており、単位当たりの物流コストに着目する必要性がますます高まってくると考えられています。

何でも手に入る「エブリシング」

「ほどほどの品揃え」では差別化できない

「**エブリシング**」（Everything）はほぼすべての商品カテゴリーを扱うことによる差別化です。そこに行けば「何でも手に入る」という期待を抱かせてくれるところ、たとえば、アマゾン、楽天市場、Yahoo!ショッピングなどがその代表です。なかでもアマゾンは自身で〝Everything Store〟、地球最大の品揃えを標ぼうしています。

百貨店や総合スーパー（GMS）も同じようにエブリシングに見えるかもしれません。しかしアマゾン、楽天市場、Yahoo!ショッピングなどのように、ネットショッピングを基本とする場合、在庫を無限に広げることが可能ですが、物理的に売り場が限られる百貨店や総合スーパー（GMS）の場合、そこまで大胆に広げることはできません。個人の嗜《し》好が多様化し、一人ひとりが個性を主張することが当たり前の時代になっているいま、ほどほどに広い品揃えでは、競合との差別化を図ることが難しくなっています。

「まとめ買い」「ついで買い」を促しやすい

何でも買える、何でも揃うことの最大のメリットは、カテゴリーをまたがった複数商品のまとめ買いが期待できることです。子ども服を購入して、そのついでに、切らしていた醤油を買うという行動もシームレスにできる買い物環境が整っています。

当然、それだけ単位当たりの物流コストを引き下げることにつながります。

フルラインでもまとめ買いを期待できます。しかしエブリシングとの大きな違いは、その利用頻度にあります。商品カテゴリーが絞り込まれているフルラインの場合、一度利用すれば、しばらくは利用しないケースが多くありますが、エブリシングには、利用頻度の高いものも、たまにしか使わないものも、さまざまなものがあり、いつでも買い物がしやすいのです。

極端な例になりますが、鍋をフルラインで揃える専門店があるとします。

■ エブリシングのメリット

- 複数商品をまとめて送ることができる（物流コスト比率が減る）
- 消費者が、別カテゴリーの商品を「ついで買い」しやすい

「新生活を始めるから一通りの鍋を購入しておこう」ということはあるでしょうが、その後、鍋関連でまとめ買いをするというシーンはなかなか思い浮かびません。「使用頻度の高いフライパンが傷んだから新しいものに買い替えよう」となることはあっても、ついでにサイズ違いのフライパンを買う、予備用のものを買う、ということはめったにないでしょう。

それに対し、エブリシングの場合は、フライパンや鍋を買ったついでに、オリーブオイルの補充をしておこう、という買い物も珍しくありません。とくに購入者からみて送料無料（事業者による送料負担）あるいは、送料が安くなる買い物金額が設定されている場合、もし「あと1000円、何かを買えば」という状況にあれば、エブリシングのなかから、何かを選んで、お得になる条件をクリアしようとする人は少なくないのではないでしょうか。

つまり、フルラインの場合、フライパンの買い替えだけで買い物が完了しやすいのに対し、エブリシングでは「フライパン

を買って、ついでにオリーブオイルも買って」という行動を促しやすいと考えられます。

もっともエブリシングには、徹底し続けなければ、エブリシングでなくなってしまうという難しさもあります。アマゾンほど、それを実践しているところはありません。

３つの差別化における強みと弱み

シングルアイテムはマーケティングコストを安く抑えられる

ここまで品揃えによる差別化戦略として、シングルアイテム、フルライン、エブリシングの３つの考え方について、それぞれの特徴、メリットを説明してきました。

次にこの３つの考え方を、市場規模、マーケティングコスト、競争相手、利益率、信用や信頼の獲得（専門化）、受注業務の効率化、物流業務の効率化、発注業務、荷受け処理という点から、比較してみましょう。

３つの考え方、それぞれの強み、弱みをまとめて示したものが次ページの表です。

「◎」がもっとも多い（６つ）のがシングルアイテム。限られたマーケットが対象になるため、事業規模を大きくしづらいことがマイナス点です。一方で、集中投資により事業と

■ 3つ品揃え戦略の強み・弱み

	シングルアイテム	フルライン	エブリシング
市場規模拡大	△	○	◎
マーケティングコスト減	◎	○	×
競争相手減	◎	◎	×
利益率増	◎	○	×
信用・信頼の獲得(専門家)	◎	◎	×
受注業務を効率化	◎	×	○
物流業務を効率化	◎	×	◎
発注が楽	△	○	◎
荷受けがまとまる	△	○	◎

しての成功率を高められるという特徴もあります。

同じようなマーケティング活動をする場合、シングルアイテムは対象が限定されているため、フルラインやエブリシングに比べ、マーケティングコストを安く抑えられます。これを単にコストの削減とはとらえずに、新たな投資への源泉と考え、特定分野の専門家（店）としての信用を得るためのコストとして活用していけば、強いブランド、想起されやすいブランドとしての成功を収めることも可能です。

たとえば、若者向け化粧品に特化した米国・グロシエ（Glossier）、取り外し式のバッテリーとUSBポートを搭載、いつでも好きなときに充電できるスーツケースとして、だれもが知っているブランドになった「AWAY」、メンズアパレルに特化し、さまざまなフィット感のものをEC展開、試着専用の店舗展開も注目を集めた「Bonobos」、世界中でビッグな人が増えていることに着目、〝ぽっちゃりさん〟向けアパレル市場で成功を収めた「ELOQUII」など、それぞれニッチなマーケットですが、集中投資を行ない、認知度、信用を高め、専門家としてのポジションで一時代を築きました。

次に「◎」が多い（4つ）のはエブリシングです。その一方で「×」も多く、「マーケティングコストがかかる」「競争相手が多い」「利益率が低い」「専門家、信頼が得にくい」

といった弱みがあります。

エブリシングによる差別化はマーケットサイズが大きいという魅力はありますが、それを実現するためには相当な資金力が必要になり、かつ個別商品での実入りも少ないケースが多く、結局のところ、エブリシングは資本力のあるところでなければ戦えない、勝てない戦略といえるでしょうか。

シングルアイテム×テクノロジーでビジネスが成立する

ビジネスの世界のことではありませんが、集中投資により、世の下馬評を覆す勝利を収めた事例に、２０１６年の米国合衆国大統領選があります。

トランプ陣営が勝利した選挙ですが、ＳＮＳを徹底活用、有権者を小さなセグメントに分け、自陣への支持の厚い層を対象に集中的にメッセージを発信し、絶対的な信頼を獲得、さらにそれらの層に投票に行ってもらうよう促すことにより、確実に得票を伸ばしていきました。

Web2.0の時代になり、ＳＮＳなどを通じて、自分の考えをインターネット上に一斉発信できるようになると、トランプ陣営が行なったようなことが、だれでも可能になりました。

個人発のサークルや小グループというマイナーなものでも、同じように熱い思いをもった人たちがインターネット上で集まる場がありさえすれば、彼ら彼女らを対象にしたインターネットビジネスが十分に成立します。

Web3.0の時代になり、フィナンシェ（FiNANCiE）という、ブロックチェーン技術を活用したＮＦＴ事業やトークン（ＦＴ＆ＮＦＴ）の発行、企画・運用を行なっている会社がでてきました。

現在、Ｊ１サッカークラブの湘南ベルマーレやアビスパ福岡といったプロサッカークラブや、Ｔリーグ優勝の卓球プロチーム琉球アスティーダなどのスポーツクラブのトークンを中心として、個人、クラブ、プロジェクトのトークンの発行・販売、企画・運用を行なっています。わかりやすくいうと、ファンクラブの運営をひとつの会員権のようなものとみなして、その権利の売買を暗号資産（仮想通貨）により可能にしたものということになります。

また、新しいビジネス対象として注目されている組織形態があります。

「DAO」（ダオ：Decentralized Autonomous Organization）と呼ばれるもので、株式会社などの従来型組織とは異なり、組織の代表者が存在せず、インターネットを介しだれでも自由に参加でき、平等な立場で運営されていきます。SNSの集まりよりも結束力が強く、その仲間だけで何かをする、どこかに行く、盛り上がる、ということに熱い組織です。

DAOの世界で熱狂的になれば、そこだけを対象にしたビジネスが成り立つ。

実際、D2Cブランドをビジネス展開していた人が、それを止め、DAOの世界だけのアパレルブランドを立ち上げる、といった動きも米国では見られるようになっています。まだ、成功というところまでの結果は出ていませんが、今後、そうした事例は増えてくると考えられます。

このような組織、グループ、集まりが増えていけば、シングルアイテムによる勝機も大きくなってきます。シングルアイテムという絞り込みだからこそ、その対象に強く支持されるという可能性もあります。そうなれば、市場規模が小さくとも、十分、ビジネスとして成立していくでしょう。

大きなマーケットを対象に薄い利益をとっていくエブリシングは、資本力がなければ、そのポジションで継続して戦っていくことはできません。見方を変えると、それだけ参入障壁が高いといえます。

一方、シングルアイテムによる差別化によりD2Cを立ち上げたスタートアップの場合、限られたマーケットのなかで圧倒的なナンバー1のポジションをとり、高い利益のビジネスとして継続していくことは比較的容易と考えられます。またDAOのような、さらに小さいところで、熱狂的なファンをつくって、このブランド以外は買わない、というビジネスを展開することも可能になってくるでしょう。

次項からは品揃えによる差別化の実践例をもとに、物流戦略における差別化を見ていくことにします。

「エブリシング」を体現するアマゾン

自身で「Everything Store」、地球上で最大の品揃えを標ぼうしているアマゾンは、ほぼすべての商品カテゴリーを扱う「エブリシング（Everything）」により差別化を実現している代表的な企業です。

何か買い物をしようと考えたときに、ネット通販で購入するつもりはなくとも、「まずアマゾンで検索してみる」という人は少なくありません。アマゾンを商品カタログ代わりに利用したり、「実際いくらくらいで販売されているものなのか」といった値ごろ感を確認したりするツールとして活用している人もいます。

「何でもあるだろう」という顧客の期待感と、それを裏切ることがほとんどないアマゾンの品揃え（アマゾンが直接販売する商品のほかに、アマゾンのECサイトから購入できる商品も含む）。これらのバランスがしっかりとれているからでしょう。しかもアマゾンの品揃えには、これで終わりという限界がありません。日々、品揃えはどんどん膨れ上がっており、「Everything

Store」として他の追随を許さない状況を確固たるものにしています。

アマゾンはいかに「エブリシング」を実現したか？

いまでこそ、何でも揃うアマゾンですが、最初から「Everything」だったわけではありません。

米国発のアマゾンが日本に進出したのは２０００年のことです。メディアなどでは〝黒船来襲〟と騒がれていましたが、それはまだ書籍販売の世界に限ってのものでした。そのときの品揃えは、書籍のみ。当時、書籍の取次で３番手の座にあった大阪屋と取引を結び、１７０万アイテムを扱い始めました。

その翌年（２００１年）には、ＣＤ・ＤＶＤ・ビデオ、ソフトウェア・ゲームに拡大。２００３年になると、家電、エレクトロニクス、ホーム＆キッチンを一気に加え、６カテゴリーを展開するようになりました。この年、現在の、無双のエブリシング実現に大きな役割を果たしている「マーケットプレイス」をスタートしています。

マーケットプレイスは、アマゾン以外の事業者が、楽天市場のように商品を販売できるプラットフォームです。アマゾンの利用者が増加していくにつれ、マーケットプレイスを利用する事業者が増えていき、アマゾンを通して購入できるアイテム数が急激に拡大することになりました。

２００４年には、おもちゃ&ホビー、雑誌が新たなカテゴリーとして加わり、２００５年11月、取り扱いアイテム数が１０００万アイテムを突破しました。アマゾンではカテゴリーごとに「○○ストア」という名称で呼んでいますが、同じ年に、10ストア目のスポーツストアをオープンしています。

ここまでの商品ラインの広がりには、ある特徴があります。主として男性が、趣味の世界を楽しむのに好んで利用しそうなカテゴリーが中心になっていることです。

アマゾンと楽天市場の利用者を比べてみると、全国のおいしいものを扱う店舗が数多く出店する楽天市場は女性が多く、それに対しアマゾンは男性の割合が高いといわれていますが、こうした立ち上げ当初のラインアップの影響が大きいと考えられます。

この後、アマゾンはヘルス&ビューティー、時計、ベビー&マタニティ、アパレル&シューズ、コスメ、ジュエリーなど、女性層にも訴求しやすいカテゴリーの扱いを拡大していきました。

以降も、カテゴリーの拡大はとどまるところを知らず、アマゾンのプライベートブラン

■ アマゾンジャパンの取り扱いカテゴリー拡大の歴史

年	カテゴリ	アイテム数
2000年	書籍	170万アイテム
2001年	CD・DVD・ビデオ、ソフトウェア・ゲーム	
2003年	家電、エレクトロニクス、ホーム&キッチン マーケットプレイス開始	
2004年	おもちゃ&ホビー、雑誌	
2005年	スポーツストア	1000万アイテム
2006年	ヘルス&ビューティー	
2007年	時計、ベビー&マタニティ、アパレル&シューズ	
2008年	コスメ	
2009年	ジュエリー、文房具・オフィス用品、DIY・工具、カー&バイク用品。 PBスタート「Amazonベーシック」	
2010年	楽器、ペット用品、Nipponストア	
2012年	Kindleストア	
2014年	「Amazon Fashion」として再始動 （アパレル、シューズ、時計、ジュエリー）	
2015年	産業・研究開発用品、リフォーム	
2017年	Amazonフレッシュ、Amazonビジネス ビューティーストア拡大オープン（8万アイテム）	
2019年		マーケットプレイスで 4億アイテム超
2020年		マーケットプレイスで 5億アイテム超
2023年	@cosme SHOPPING	

ド（PB）である「Amazonベーシック」を立ち上げ（2009年）、アパレル、シューズ、時計、ジュエリーを「Amazon Fashion」としてリニューアルし（2014年）、ビューティーストアを拡大オープン（8万アイテム、2017年）するなど、エブリシングにおける専門化も図ってきています。

また、2022年8月には、会員数860万人（2023年6月現在）の化粧品コミュニティサイト「@cosme（アットコスメ）」、プチプラブランドからラグジュアリーブランドまでを横断的に扱うショップなどを展開するアイスタイルと資本業務提携し、2023年11月22日にAmazon.co.jp上に@cosme SHOPPINGをオープンさせコスメカテゴリーの強化も進めています。

この間にも、アマゾンの取り扱いアイテムは増加を続けており、2019年にマーケットプレイスで4億アイテムを超え、翌2020年には5億アイテムを突破しました。この1年間でなんと1億アイテムを増やしているのです。

「1億アイテム」とはどのぐらいすごいのか？

1億アイテムとは、どのくらいの規模なのか。

リアル店舗でもっとも取り扱いアイテムが多いといわれている百貨店が、1店舗平均で約100万アイテム。現在、日本国内には181店舗（2023年7月現在）の百貨店がありますから、1億アイテムは、日本の百貨店の約半数で扱うアイテムを合計したボリュームに相当します。まして、4億アイテム、5億アイテムということになれば、日本中の百貨店で扱うアイテムを全部含めても、その半分にも届きません。

ではアマゾンでは、それだけのアイテム数をどうやって集めたのか。

そのなぞを解くカギが、マーケットプレイスです。

コロナ禍前のデータになりますが、2017年から18年にかけてのマーケットプレイスの出店者の年平均売上は前年から15％以上増の1000万円超あり、15万社程度がマーケットプレイスを通じて商品を販売していました。

このうち、3分の1近くは中国のセラー（事業者）が占めています。中国は製造業のすそ野が驚くほど広く、従業員はせいぜい10人規模、家族経営に近い製造業が何万社とあり、商品の開発スピードも日本企業とは比べ物にならないほど早く、日々、そこからどんどん、マーケットプレイスに送り込まれてくるというイメージです。

ちなみに残りのマーケットプレイスでの構成比は、日本企業が約6割、その他のエリアは1割にも満たない規模になっています。

中国からのマーケットプレイス出品も増えている

ところが、この事実は、あまり知られていません。というのも、アマゾンでは、セラーの所在地が日本であれ、中国であれ、その他の地域であれ、その差を感じさせないスピード、物流品質で商品が届けられるからです。

アマゾンジャパンでは2015年ごろから、中国のセラーからのマーケットプレイスへの出品に注力しています。

FC（フルフィルメントセンター）を成田空港の近くに設け、航空便で成田に入ったものを効率よく出荷できる体制を整え、中国のセラーの商品は雑貨や小物が多いこともあり、ベリー便（belly：腹）と呼ばれる、旅客機の底のスペースを用いた貨物便を利用し、輸送コストの抑制も進めています。トラック便の場合、荷物を届けた後、空荷で帰る便を「帰り（戻り）便」としてチャーターしてコストを抑えることが割とありますが、アマゾンの場合、そもそも物量が多いということもあり、旅客機で同じことを実践しているわけです。

また、数年前までは、アマゾンのサイト上での商品説明に、少々おかしな日本語表記を見かけることもありましたが、現在では、そうした表記を見かけることもなくなり、自然な日本語が表示されています。こうしたことも、中国のセラーの拡大をあまり感じさせない一因になっています。結果的にアマゾンは中国からのマーケットプレイスへの出品があるからこそ、〝Everything Store〟としての差別化を図れているといってもよいかもしれません。

中国からの出品は、アマゾンにとどまらず、Yahoo!ショッピングでも増えています。実はこれ、ＦＢＡ（フルフィルメント・バイ・アマゾン：アマゾンのＦＣにあらかじめ商品を保管しておき、出荷までをアマゾンに委託するサービス）を活用すれば、Yahoo!ショッピングでの買い物も、アマゾンの物流品質により、商品の当日出荷が可能になるからだといわれています。実際、Yahoo!ショッピングで注文した商品であっても、届け先宛名シールを注意して見てみると、アマゾンのＦＣから発送されているケースが少なくありません。

マーケットプレイスの売上を支える中国企業

グローバルで見ても、マーケットプレイスでの売上比率が年々、高くなっています。アマゾン・ドット・コムでマーケットプレイスを立ち上げた１９９９年には、マーケットプレイスでの売上比率は３％程度でした。その後、毎年２ケタペースで全体の売上を伸ばしていくなかで、マーケットプレイスでの売上比率は、2018年には6割（58%）を占めるようになっていました。

中国の出店者の比率が高いのは、日本だけに限らず世界的な傾向です。

2019年下半期時点のデータで、ヨーロッパ諸国のアマゾンサイトでの中国の出店者の比率を見てみると、日本が32%に対し、英国38%、ドイツ35%、フランス40%、イタリア39%、スペイン40%と、日本以上に高くなっています。

しかも、出店者の比率が高いだけでなく、中国企業は積極的に販売に力を入れ、成功している店が多くあります。

ヨーロッパのなかで、アクティブなセラーに占める中国企業の割合がいちばん高いのはスペインで52%あります。売上上位100社で見ると48%、トップ1000社では56%、同1万社になると57%を中国企業が占めています。

中国全土には時給500円程度でも頑張って働く人たちはまだまだ多く、世界を相手に販売できるのならばと、アマゾンのマーケットプレイスを活用して貪欲に商品を販売していることがわかります。

いいかえると、アマゾンの売上を支えているのは、中国企業ということにもなります。

アマゾンとしては、自社だけで売るよりも、中国企業にFBAを使ってもらって、ガンガン売ってもらえれば、ＦＢＡの利用料と販売手数料の両方が入ってきます。それだけ儲けが出しやすくなるわけです。

拡大志向旺盛な中国企業が活躍しやすい場（＝マーケットプレイス）を世界各地につくり、その勢いを借りながら、自らが標ぼうする「Everything Store」を磨き続けているアマゾンの戦略には、競合はなかなか追いつけないのではないでしょうか。

商品カテゴリーの商品を揃える「フルライン」

アパレルのフルラインを実現する「ZOZOTOWN」

商品カテゴリーを絞り、そのカテゴリーであれば何でも揃うフルラインのわかりやすい例に、ファッションEC「ZOZOTOWN」を運営する、アパレルのカテゴリーキラー、ZOZOがあります。

同社の商品取扱高は5443億円（推定出荷数量6000万個／年）。「ZOZOTOWN」の取扱ブランド数は8455ブランド、年間購入者数は約1181万人。一人の顧客が年平均6回購入しているというデータもあります。「ZOZOTOWN」に出店するショップ数は1532（うち買取・製造販売28）。毎日2600点以上の新着商品があり、常時90万点以上の商品が販売されており、ファッションに敏感な若者から圧倒的に利用されています（数値はいずれも２０２２年度)。

こうした「ZOZOTOWN」の強みに関心をもつ企業は少なくありません。２０２３年９月からは、「無印良品（MUJI）」を運営する良品計画との販売委託契約により、同社のアパレル（約５００品目)、生活雑貨（約９００品目）を扱うことになりました。「ZOZOTOWN」での販売を通じて、若年層への認知度がやや弱いといわれている「無印良品（MUJI）」ブランドを、より多くの若者たちに接してもらうことを狙いとしています。

競合を大きく引き離す「ZOZOTOWN」

「ZOZOTOWN」はどれだけ差別化を実現しているか。同社とよく似たＥＣ展開をしているベイクルーズ（BAYCREW'S）と比較してみましょう。

ベイクルーズグループは、輸入およびオリジナルの衣料品や雑貨を販売するセレクトショップで、「IENA」「JOURNAL STANDARD」「EDIFICE」などを主力ブランドとしています。

アパレルの展開ブランドは19、月間セッション数（訪問者数）は９２０万というデータがあります。それに対し「ZOZOTOWN」の取り扱いブランド数は８４５５、月間の訪問者数も5920万と、大きな開きがあります。

ベイクルーズの売上規模は545億円（2020年度）、単純比較はできませんが、ZOZOの商品取扱高（2022年度5443億円）の10分の1程度しかありません。ちなみに、このところEC（ネット注文、店頭受取も含む）に力を入れているユニクロのEC売上は、2021年度1309億円ですから、「ZOZOTOWN」の規模がいかに圧倒的であるかわかります。


ZOZOでは、アパレルのフルラインを欠品することなく回していくために、物流センター（在庫型）の増設、規模拡大を進めています。

現在稼働中のものが、茨城県内（つくば市、4か所）、千葉県内（習志野市、2か所）に計6か所ありますが、2023年8月から稼働を開始した「茨城4」は延床面積13万7000㎡と、同社最大の広さとなっています。

このうち3か所（「茨城1」、「茨城4」、「千葉2」）が出荷機能も備えた物流拠点。「茨城4」は稼働して間もなく、実質的には、2か所から、年間6000万の出荷に対応していました。相当な数量ですが、アパレルの場合、商品の大きさにばらつきが少なく、荷姿も薄型のものがそろいやすいということから、自動化を進められる部分も多く、出荷作業の生産

■ ZOZOの物流拠点拡張計画

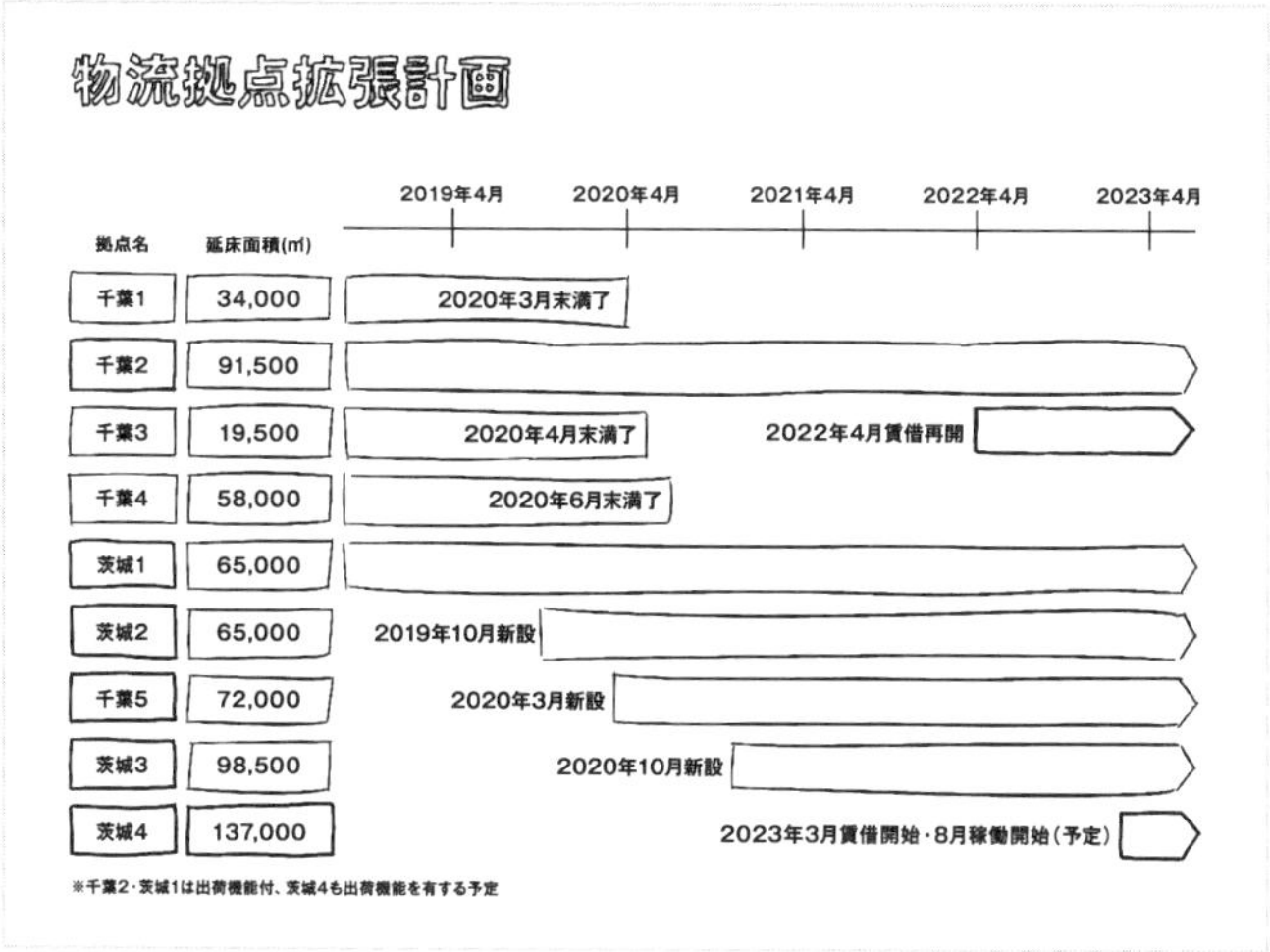

出所：ZOZO 2023年3月期決算説明会資料より引用

性という点でも、効率よく運営されています。

出荷効率を高めているアパレルECの例でいうと、セレクトショップ大手のBEAMS（ビームス）の物流センターでは、配送用の箱を作る機械（e-cube）を導入しています。

ZOZO同様、商品の大きさにばらつきが少ないため、箱の底にあたる部分の大きさを固定し、商品の数量に応じて高さだけを変更するものになっています。箱の大きさも揃いやすく、ムダな空きがなくなり、緩衝材を入れる必要もありません。段ボールの容積を最小化できるので、コストの削減も可能。このセンターでは、商品梱包から出荷までの工程を、従来と比べて2工程程度、減らすことができると考えられます。

「品揃えの絞り込み」×「ターゲットの絞り込み」

フルラインによる差別化を強みに、世界市場で急成長している企業に「シーイン（SHEIN）」があります。売上高290億ドル（日本円で、約4兆円）、中国発の新興アパレルネット通販です。米国市場をターゲットに毎日3000点から5000点の新製品が投入され、日本円で2000円以下の商品が9割近くを占め、3000円あれば、ほぼどの商品でも購入できるという圧倒的な価格も世界中の若者たちを引き付ける魅力になっています。

ファストファッションの世界的ブランドZARAを運営するインディテックス（Inditex）でも、年間の新規追加アイテムは2万5000点。シーインの場合、過去には、たった1日でZARAの1年分を上回る新製品を投入したこともあります（2022年5月31日、2万5077点）。製品化のスピードも圧倒的です。デザインから生産完了まで平均7日、最短3日でも可能といわれています。

SNSを中心にターゲットを絞り込んだマーケティング展開もシーインの特徴です。

Instagramのフォロワー数は世界で３０００万人規模があります。アパレルのフルラインという品揃えがあるからこそ、こうした絞り込みが効果をあげやすいと考えられます。

シーインでは、取り扱いアイテムをアパレル以外にも徐々に広げていますが、アパレルのフルラインが同社急成長の原動力になっているのは間違いのないところです。

シーイン同様、マーケティング対象の絞り込みにより、効率的かつ効果的なマーケティングを展開している中国系企業にピンドゥオドゥオ（拼多多）があります。

シェア買い（共同購入）する人数が増えれば増えるほど、１品単価を安く購入できる「安売りアプリ」により中国国内で急成長を果たした企業です。同社が米国進出するにあたり、TEMUというアプリを作り、「米国在住の中国人のみ」を対象にしたリスティング広告（キーワード広告）を展開しました。

TEMUは中国製造された商品を米国をはじめとする国に直送し、税金なしに購入できるアプリです。それまでは、WISHという米国企業のアプリが先行していましたが、在米中国人にターゲットを絞ることで急成長しました。

品揃えの絞り込み×ターゲットの絞り込みは、うまくマッチすれば、高いマーケティング効果を期待することも可能になります。

事業用の商材（BtoB）であるためあまり知られていませんが、「ないねじは、ない」と業界内から圧倒的な信用を獲得している会社に、ねじの専門商社サンコーインダストリーがあります。

同社は1946年（昭和21年）の創業。仕入れ先は900社、取り扱うねじの種類は160万アイテムあり、〝ねじ〟のフルラインを実現しています。近畿自動車道、中央環状線が走り、中小の製造業が多く集積する東大阪の機械卸業団地内に物流センターを構えており、販売先も4000社に及んでいます。

1981年には在庫全商品のコンピュータ管理を導入、当時のアイテム数は2万アイテムでした。以降、物流関連投資を重ね、現在の規模にまで取り扱いアイテムを広げてきました。それに合わせ売上規模も拡大、2002年には売上高94億円でしたが、直近の実績では358億円（2022年2月期）を売り上げるなど、フルラインによる差別化を実践しています。

フルラインではカテゴリー特性をUI・UXに反映できる

エブリシングストアを目指すアマゾンが、いまも取り扱いアイテムを増やし続けられている背景には、マーケットプレイスの存在がありました。

販売意欲の高い中国企業が数多くあるからこそ、アマゾンジャパンのマーケットプレイスだけで、５億アイテムもの商品の販売が可能になっています。彼らのものづくりに対するスピード感、世界中のどこであるかに関係なく「のし上がっていくぞ」という旺盛なハングリー精神は、いまの日本では、なかなか見られません。そのことをいち早く察知し、対応してきたからこそ、アマゾンは、世界市場を相手に、エブリシングストアを追求できているのでしょう。

アパレルのフルライン化を追求するＺＯＺＯは、物流の視点から、アパレルならではの特徴をうまくとらえたモデルを構築しました。

アパレルは、直接身につけるものだけに、手触り、肌触り、試着したときのフィット感を確認できないネット通販向きではない、といわれていました。しかし、ＺＯＺＯでは、株主でもあるユナイテッドアローズなどの有名ブランドを抱えることで、ＳＥＯ効果を多大に獲得し、ファッションに敏感な多くの若者を取り込むことに成功しました。アパレルのフルラインだからこそ、優良顧客ベースを取り込むことができたのです。

エブリシングストアのアマゾンと、アパレルフルラインのＺＯＺＯ。それぞれからアパレルの商品を探していくと、圧倒的に、ＺＯＺＯのほうが、検索しやすく、欲しい商品を早く見つけられます。クリックする回数も少なくすみます。

すべてのカテゴリーで同じようなインターフェイス、ユーザビリティを提供するエブリシングストアと、カテゴリー特性を反映したＵＩ、ＵＸに絞り込むことができるフルラインの大きな違いがここに出てくると考えられます。

品揃え×物流で売上を伸ばすヨドバシカメラ

ネット通販サイトのアイテム数は実店舗の20倍！

品揃えによる差別化戦略は、物流機能を意識することにより、より強化できます。

家電量販店大手ヨドバシカメラが運営するネット通販サイト「ヨドバシ・ドット・コム」は、実店舗を展開する強みを生かし、店頭在庫、移動中の在庫、倉庫保管の在庫、子会社の在庫、さらには取引先卸の在庫なども活用しながら、パソコン、家電、カメラ、ベビー・おもちゃ・ホビー、食品&飲料・お酒、ホーム&キッチン・ペット、ヘルス&ビューティ、アウトドア・スポーツ用品、書籍・雑誌、文房具・オフィス用品など幅広いカテゴリーを扱っています。そのうえで、「ボールペン1本から、日本全国送料無料（＝ヨドバシカメラ負担）」、

「日本全国スピード配達。最短即日配送」という利用者にとってわかりやすいメリットを打ち出し、売上規模を年々、拡大しています。

このヨドバシ・ドット・コムの売上伸長を支えてきた要因のひとつに、品揃え、取り扱いアイテムの拡大があります。2008年の品揃えは約8万アイテム。それが2012年には約83万5000アイテムになり、2023年には850万アイテム以上に拡大しています。ヨドバシカメラ実店舗の店頭在庫は約45万アイテムといわれていますから、その20倍近い取り扱いアイテムになりました。

この品揃えの幅の広がりスピードは、前述したアマゾンジャパン（取り扱いアイテムを1年で1億アイテム増加）には及びませんが、相当なものです。アマゾンジャパンの場合、マーケットプレイスの活用促進がそれを可能にしましたが、ヨドバシ・ドット・コムにも、相応の理由があります。

ひとつが、M＆Aによる取り扱いアイテムの拡大です。2019年にスキー・登山用品を中心としたアウトドア関連用品を扱う石井スポーツを子会社化、合わせて、石井スポーツの子会社だったアートスポーツも傘下に入れ、ランニング・トレイルランニング・フィットネス用品の取り扱いも可能になりました。

■ ヨドバシ・ドットコムの取り扱いアイテムの推移

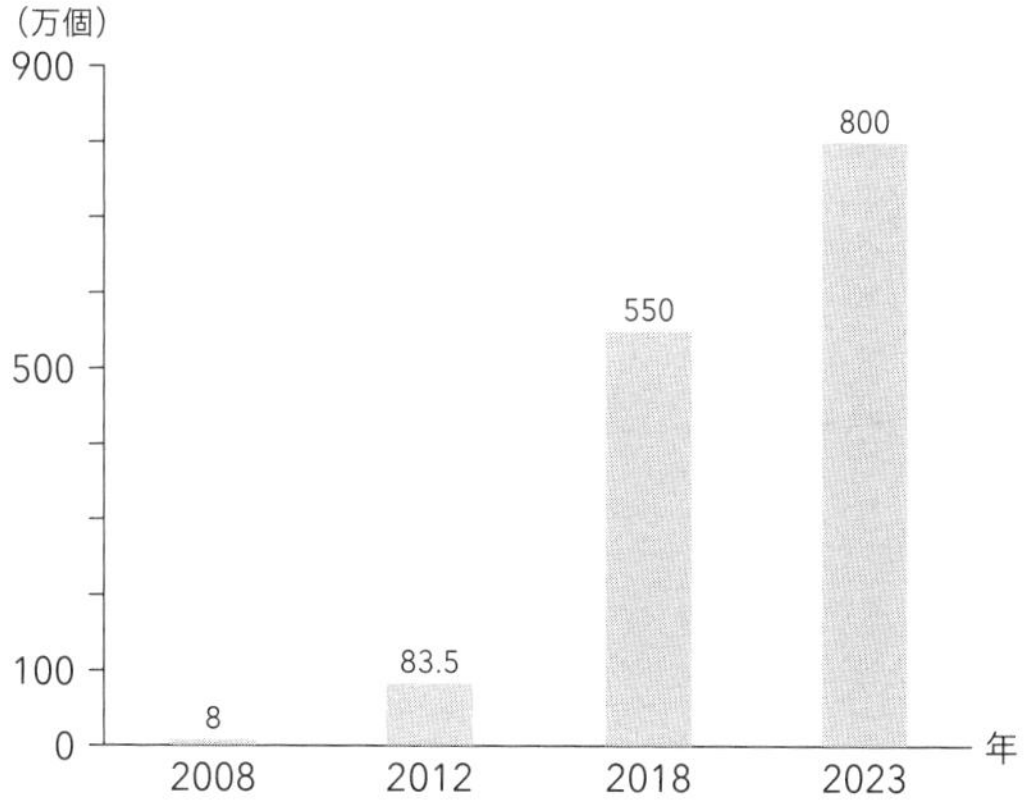

出所：イー・ロジット調べ

もうひとつが卸業者の在庫を活用した、ベンダー出荷による取り扱い商品の拡大です。

集客、受注をヨドバシ・ドット・コムで行ない、商品の配送についてはベンダーが代行する方法（いわゆるドロップシッピング）により、店頭扱いのないものでも、販売可能になりました。

ドロップシッピングにより、取り扱いアイテムを拡大させるという取り組みは、工具通販大手のMonotaROが運営する通販サイト「モノタロウ」でも活用しています。

後述しますが、モノタロウでは、工場用副資材（プロツール）の専門商社トラスコ中山が、モノタロウでの注文を、直接、顧客のもとへ配送するサービス（ユーザー直送）を行なっています。

物流ステータスにもとづく在庫管理を徹底

ヨドバシカメラはコンピュータによる商品のコード管理を1980年代にスタートさせました。

1986年には、在庫商品がどこにあるか（どの店舗の店頭に並んでいるか、どの店舗の倉庫にあるか、どこの物流センターにあるか、店舗への移送中か、など）、物流のステータスのリアルタイムでの把握を可能にしていました。こうした管理が実現できていれば、商品の取り置き、倉庫からの取り寄せ、店頭商品の近隣店舗への移送といった際の処理も簡単に対応できます。

こうした物流ステータスにもとづく在庫管理は、ヨドバシ・ドット・コムに生かされ、利用者の利便性につながっているわけですが、その当時はもちろんのこと、現在でもこのレベルまで徹底しているところは多くありません。

同社が「ヨドバシ・パーソナルストア」として、ネット通販に参入したのは、1997年10月。同じ年には、現在の楽天グループが運営する、ネット通販（EC）の総合ショッピングモール「楽天市場」が立ち上げられています。「ヨドバシ・パーソナルストア」は、2000年5月に「ヨドバシ・ドット・コム」と名称を変更、2004年3月期にはEC売上100億円を達成しました。2007年には300億円超、2017年には1000億円超に達しています。家電は単価が高いということもありますが、家電量販店大手の多くが、店舗販売とのカニバリやショールーミングを危惧し、ECへの本格参入に躊躇するなか、同社ではEC売上をしっかり伸ばしていきました。

2015年からは、注文してから最短6時間（その後、2時間30分以内に短縮）で商品を届けるという、自社配送による「ヨドバシエクストリーム」をスタートさせました。当初は首都圏のみを対象としていましたが、大型店の地方展開（大阪、山梨、宮城、福岡）により、店舗在庫を使った配送で展開エリアを徐々に拡大しています。

現在、ヨドバシ・ドット・コムでは、主要配送拠点として、ヨドバシカメラアッセンブリーセンター（AC）川崎（神奈川県）、ヨドバシアッセンブリーセンター江東（東京都）、ヨドバシカメラアッセンブリーセンター六甲（兵庫県）、および各地にある大型店を活用しています。このうち最大規模となるAC川崎は羽田空港近くにあり、2016年に延べ床面積30万㎡近くまで増設しています。さらに2024年中の稼働予定で、新たな物流施設の増設工事もスタートしています。

最近のデータによれば、ヨドバシカメラの売上規模は7530億円（2022年3月期）あり、家電量販店業界ではヤマダホールディングス、ビックカメラに次ぐ三番手。EC売上高は上位2社を上回る2136億円に達し、EC比率は30％近くになります。

同社では全国で「翌日配達、EC比率50％」を目標にしており、そのために600億円の物流投資を進めているといわれています。物流投資の具体的な内容は明らかになっていませんが、物流倉庫（アッセンブリーセンター）の新設、UIやUXを高めるためのシステム改修、自動倉庫システムの導入などに向けられているようです。

脅威の在庫出荷率を誇るトラスコ中山

「在庫は悪」は本当か？

「在庫は悪」。とくに利益の薄い中間流通（卸売り）の世界では、在庫を厚く持つことは資金効率を悪くし、経営を圧迫することになるため、そう考えられてきました。しかし、卸機能における在庫は「顧客に対する品揃えである」という視点で在庫を着実に増やし、業績を伸ばしている卸企業があります。

機械工具、物流機器をはじめとしたプロツール（工場用副資材）の専門商社であるトラスコ中山です。

1959年に設立された同社は、業界では後発企業。2022年12月期通期の売上高2464億円に対し在庫金額が441億円あり、一般的には過剰在庫とされるレベルです。

そのうえ、在庫アイテム数56万アイテムを、２０３０年にその倍の１００万アイテムにする計画も発表しています。

そうした業界の常識からはずれた取り組みを進める同社が、日ごろから意識している数値が「在庫出荷率」です。一般にはヒット率と呼ばれるものですが、「顧客からの注文が入ったときに在庫があるかどうか」を表す数値になります。

トラスコ中山は、業界として「在庫出荷率87％」が手一杯という状況のなか「在庫出荷率91・７％」を維持しており、業界内では「トラスコならある」という評価が定着しています。

業界として、この約４％の違いがどのくらいの差かというと、トラスコ中山のレベルは10年に１回しか注文が入らない製品も常時在庫として置いている状態に等しく、そこまでの４％アップを実現させるためには、在庫を何倍にも増やす必要があると考えられています。

にもかかわらず同社が驚異的な在庫出荷率を実現できている理由のひとつは、工場用副資材は腐らないからです。４５２億円の在庫を抱えていても、廃棄は５０００万円程度（約０・１％）にとどめています。

また、在庫を抱えるには保管する物流倉庫が必要です。同社は、1994年に初めて物流センター「プラネット九州」を開設、現在、全国28か所で物流センターを運営しています。増設するだけでなく、物流センター内の作業の機械化を図り、入出荷1行当たりの人件費の効率化を進めています。最近の実績では入出荷1行当たりの人件費は114円となっています。

〃ユーザー直送〃に取り組むメリット

もちろんこのレベルであれば、同業でも実践可能な範囲です。トラスコ中山が他社と大きく違うのは、ネット通販企業の〃ユーザー直送〃に力を入れている点です。自らがエンドユーザーへの販売者になる〃ユーザー直取引〃ではなく、あくまでも配送代行として、直接ユーザーに商品を届けるということをどんどん増やしています。

なぜ〃ユーザー直取引〃ではなく〃ユーザー直送〃なのか。

通常の卸業務として商品を販売店に納品すれば、そこから販売店が梱包をやり直して、あらためてエンドユーザー向けの配送手配をかけることになります。また、工場用副資材という商品特性により、注文数量がまとまることも多く、販売店としては、その荷捌きだけでも相当な時間が必要です。

一方、トラスコ中山では、積極的な物流投資をし、物流センターの機械化、梱包作業などの完全自動化を進めてきました。配送は即日配送、配達便数は278台（うち自社配達便が117台）、ユーザーニーズに応えられるだけの在庫も十分にあります。このメリットを最大限生かすにはどうすべきか。

コロナ禍が始まって間もないころ、「（ビジネスにおいても）できるだけ人との接触を減らしたい」というニーズが高まっていくなかで、この〝ユーザー直送〟が生まれました。

環境配慮という社会課題に対しても、「同社→販売店→エンドユーザー」より「同社→エンドユーザー」のほうが、移動距離も移動時間も短くなり、それだけCO2排出量も少なくすみます。

こうしてユーザー直送に取り組むことにより、エンドユーザーへの納期半減、配送負荷半減、作業負荷半減、梱包資材半減、環境負荷半減というメリットが実現されました。

同社の仕入れ先は3272社、契約販売店5500社（B2B2Bの、再販業者と同意）、2022年12月期のユーザー直送実績は355万個。同社では今後もユーザー直送を増やしていく方針です。

「外部委託」ではなく「自社便の割合」を増やす理由

もうひとつ、トラスコ中山ならではの取り組みがあります。

売上減少が続き、経営環境が厳しくなるなかで、自社商品の配送について、自社での配送を減らし、外部委託に切り替えるトレンドが長く続いています。ドライバーやトラックの維持コスト削減が狙いです。しかし、委託を受ける側のトラック事業者自体も、ドライバー不足もあり、自社で抱える大型トラックを減らす傾向にあります。一方で、ＥＣ市場の拡大により、宅配を専門にする小口業者は増えています。

この状況のなかで、同社では自社便の割合を増やしています。

その分、運営コストはかかりますが、それ以上のメリットとして、ドライバーの教育ができる、独自のサービスを展開できる、といった点があります。

当日スピード配送のヨドバシ・ドット・コムのエクストリーム便は、小物の場合、ポスト投函を基本にしており、届け先でも、ほとんどインターホンを鳴らしません。アマゾンでも「置き配」指定のできる商品が増えています。

一方で、ヤマト運輸や日本郵便の場合、代替（弁済）できない一点ものの商品などを運んでいるので、置き配NGが原則です。また、コロナ以前は、ハンコやサインをもらわないといけなかったため対面が原則でした。

この違いはどこから生まれるのか。

自社配送であるか、そうでないかの違いです。

トラスコ中山の場合も、たとえば工場内に備品を納品するという場合、箱ごと置いてくるだけでなく、ドライバーが箱から手袋、軍手、ベルト、安全靴を取り出し、それぞれの保管スペースに持っていくということも可能になります。このほかにも、ドライバーを担い手とした、いろいろなビジネス展開が考えられます。そうした可能性を追求した結果、他社と違うことをして、ユーザーに喜んでもらいたいという気持ちで自社便が生まれたのです。

日本のお菓子限定のECを展開するBokksu

インバウンド顧客に人気の日本のお菓子

コロナ禍前には、インバウンド顧客を対象にしたビジネスが大いに盛り上がりました。しかし数年にまたがるコロナの影響により、その多くが消え去り、残ったのはインバウンド顧客の名簿だけ、しかもそれらのほとんどが生かされていないのが現状です。

しかしながら、そうしたなか、ほぼシングルアイテムに近いビジネスモデルで、コロナ前から継続して事業を拡大しているところがあります。

毎月定額支払いのサブスクリプションモデル（月額49・95ドルでお菓子20個＋お茶2袋）により、日本のお菓子限定のECを展開する、ニューヨーク発のベンチャー企業のBokksu（ボックス）です。

日本のお菓子は、大味でパッケージも大雑把なものが多い海外のものと違い、フレーバーも豊富、パッケージのデザインもていねいで、人気のキャラクターとコラボした商品も少なくありません。かさばらず、軽くて持ち歩きやすいこともあって、簡単に買える日本土産として爆買いの対象になるほどの人気を集めていました。

とくにキャラクターものや、可愛いパッケージの菓子を専門に扱うところは多く、そのため競合関係も厳しいものがありました。

それに対しBokksuの場合、当初から地方の銘菓、おいしいものに絞り込んだ展開を図っていました。同社の創業は2015年。同社サイトには「日本全国の創業100年以上の地元の家族経営のメーカーと直接提携して、職人の手作りのスナックと豊かな物語の両方を世界中の人々に届けています。」と明記されています。

しかし業績の伸びに火がついたのはコロナ禍に入って以降のことです。メインの顧客は北米（米国、カナダ）在住の人で、コロナ前には自由に行き来できた日本の懐かしい味を楽しめるECとして注目されました。

物流拠点を日本国内から米国へ

もちろんコンセプトだけで、Bokksuのビジネスが成り立っているわけではありません。その要因のひとつがシンプルな物流です。

立ち上げ時には、日本国内の物流センターで箱詰めし、発送していましたが、サブスク会員が一定数積み上がってからは、メインの顧客が集中する米国で行なっています。サブスクモデルが基本のため、毎月の出荷個数はあらかじめ確定しています。それをメーカーから国内拠点に送ってもらいまとめて米国に送り、米国で購入者に向けた箱詰め作業を行ない、出荷します。

お菓子20個の詰合せ内容は月ごとに変わりますが、毎月1パターンしかありません。商品の箱詰めは、同じ作業の繰り返しでよく、複雑にならずに済みます。もしこれが、顧客側から詰合せ商品を選べるようにすると、箱ごとに商品をピッキングする必要が生まれ、この作業が加わるだけで、一気に作業効率が低下します。

いいかえると、シングルアイテムにしたからこそ、Bokksuのビジネスモデルを継続できているということです。

こうした流れのもと、同社では、100か国以上に、毎月、日本の伝統的菓子を送っています。

同社では、2021年にアジア食品のオンライン・グローサリーもスタートさせました。中華系はじめアジア圏の人々をターゲットに絞り込んだものです。

世界各国からさまざまな人種、民族の人たちが集まってくる米国では、昨今、とくに自身のオリジン食（縁やゆかりのある地域の食材・食品）を購入する傾向が強くなっており、このアジア食品オンライン・グローサリーも、その流れに沿ったものと考えられます。

品揃えによって物流コストはコントロールできる

ビジネスモデルをつくるうえでは物流がますます重要に

品揃えと物流はリンクしています。

どういう品揃えにするかで、物流コストはいかようにも変わります。競合との差別化を図るにあたり、エブリシングにするか、フルラインか、あるいはシングルアイテムかによっても、大きく変わってきます。また同じような品揃えでも、ビジネスモデル次第で、コストをコントロールできます。

そうしたことから、昨今では、物流モデル、ビジネスモデルの両方を考え、コストと効果の両面から検討を加えていくことが求められています。

従来、米国では、調達（サプライチェーン）担当部署は、業務（オペレーション）担当部門の下に入ることが一般的でした。何を売るか、どんなビジネスを展開するか、という業務の内容がまずあり、その次にそれを実現させるために、どこから、どうやって調達するかを考えてきました。業務が「上」、調達は「下」という関係性です。

それに対して、最近の傾向では、両者は同列か、あるいはサプライチェーンありきで業務を考えるといった逆転現象も珍しくなくなっています。

こうした変化を促したのが、3年余り続いたコロナ禍です。

いくら立派な店舗やＥＣサイトがあって、販売体制が整っていたとしても、商品が調達できなければ、ビジネスとしては何も始まりません。

長らく、一部の例外地域を除いては、世界のどこにいても、たいていのモノが手に入る時代になっています。それが当たり前の光景として疑いの余地のなかったところに、コロナ禍により、世界中のいたるところでサプライチェーンが寸断され、店頭に商品がないという事態が、世界各地で起こりました。こうした経験がきっかけとなって、サプライチェーンの重要性があらためて認識されることとなり、とくにベンチャー企業の間では、業務とサプライチェーンの部門が対等の関係でビジネスモデルづくりを進めるケースが増えてきています。

物流システムを効果的に構築・活用する

品揃えによる差別化を実現させるためには、物流システムの効果的な活用が不可欠です。エブリシングストアであるアマゾンは、日本においても各地に物流センターを構え、同じ商品を複数の物流センターで保管しています。

この複数箇所に置かれた同じ商品の在庫をアマゾンではどういう使い方をしているか。同社では消費地に近いところから出荷するのを原則としています。たとえば、九州と関東に在庫が分かれて置かれていたとして、年会費5900円を支払っているプライム会員向けには送付先に近い物流センターから出荷し、会費無料の一般会員には、送付先が東京であっても、九州の物流センターから出荷するといった使い分けをしています。

実際には、このような単純なものではありませんが、日本全国に散らばっている在庫をシステム上で一元管理し、どういう注文の場合（プライム会員なのか一般会員なのか、当日お急ぎ便などの配送オプションを利用するかしないか、単品なのか複数商品の注文かなど）にどこの物流センターから出荷するのが中長期的に効率的になるか、といったことをシステム全体で判断し、指示が下される仕組みになっています。一般的にこのようなシステムを「**オーケストレイ**

テッドオーダーマネジメントシステム」と呼びます。

人件費や電気代など運用コストが上昇しているなか、物流の現場でも、ロボティクスや自動梱包機など自動化ツールの導入が進んでいます。

ロボティクスひとつをとっても、商品の保管されている棚を作業スタッフのもとに移動させる自律走行型のロボットもあれば、自動倉庫への入出庫を効率的に行なうロボットや、ピッキングそのものを人に代わって行なうロボットも実用化されるなど、新しいものがどんどん開発されています。

そういう状況のなかで、どのような自動化システムを導入するのがよいのか。扱う商品の種類や特性によっても、必要とされるシステムは異なります。何かひとつを導入すれば解決するというものでもありません。

しかし、はっきりしているのは、物流現場に限らず、あらゆる世界で働き方改革が求められているいま、個々のがんばりや工夫で何とかする時代は終わったということです。

第5章

「サステナビリティ」を考えた差別化戦略

サステナビリティに関わる4つのアプローチ

サステナビリティ志向は世界では当たり前

SPA（製造小売り）のファッションブランドで知られる、米国小売り大手のギャップ（GAP）が、物流会社を買収しました。

同社では、SPAとして商品の企画・製造から販売に至る効率的なサプライチェーンの構築をめざし、自社のリソース中心に取り組んでおり、それらが長期的に機能するかどうかを実証するためには、自分たちでコントロールできていない物流機能を内部に取り込むほかないと考えました。その発想のなかには、他社といっしょになって業界全体の物流効率化に取り組むという視点も盛り込まれており、米国では、企業戦略上、環境や社会に負荷をかけない「**サステナビリティ**（**持続可能性**）」志向は当たり前のものになっています。

一方、日本企業においても、世界的なインフレ、円安、ウクライナ情勢などを背景に、原材料費やエネルギー価格が高騰し、企業の経営に深刻な影響を与えているなか、環境に配慮し、コストやムダを抑制した持続可能なビジネスモデルの再構築が急がれています。

これからの時代、サステナビリティはあらゆる企業が取り組むべき経営課題です。物流を考えるにあたっても、このサステナビリティ志向を戦略的に取り入れていく必要があり、どう取り組んでいくかにより、差別化を実現できます。

サステナビリティに関わるアプローチにはさまざまな方法があります。

主なものをあげると、以下の4つのアプローチになります。

1. SDGsアプローチ
2. 共感マーケティングアプローチ
3. パーパスアプローチ
4. コストダウンアプローチ

それぞれの内容について、簡単に説明していきます。

1．SDGsアプローチ

SDGs（Sustainable Development Goals）は、「持続可能な開発目標」として広く知られています。正確にいえば、２０１５年9月の国連サミットで加盟国の全会一致で採択された「持続可能な開発のための２０３０アジェンダ」に記載された、２０３０年までに持続可能でよりよい世界を目指す国際目標です。

現時点（２０２３年）は、２０３０年の目標年までの中間年にあたっており、国連加盟各国では、国連に対し進捗状況のレビューを行なっています。日本の現状は、中間地点とは呼べない状況にあり、２０３０年の目標達成にはほど遠いといわれています。

そのため、パリ協定にもとづく温室効果ガス（ＣＯ２など）の削減目標のように（当初は、２０３０年度に２０１３年度比で26・０％削減する計画でしたが、２０２１年には、野心的な目標として、２０３０年度に46％削減（２０１３年度比）することを目指すこと、さらに50％の高みに向け挑戦を続けることを表明）、今後、政府から、目標達成のための緻密な計画が立てられ、それを実現するためにさまざまなムチが入る可能性があります。

SDGsとよく似たものにCSR（Corporate Social Responsibility）があります。

CSRは、「企業の社会的責任」と訳されるように、「企業はあらゆるステークホルダ

■ サステナビリティに取り組む4つのアプローチ

SDGsアプローチ
国際社会の一員として、
目標達成を目指す
共感マーケティング
アプローチ
共感を得て
販売につなげる
パーパスアプローチ
存在理由を定義し、
社会に貢献する
コストダウン
アプローチ
中長期的にコストを削減し、
利益を増やす

ー（顧客、社員、取引先、社会、環境など）に対して責任をもつべきである」という考え方にもとづき企業活動を進めていくことです。

対してSDGsは、狭義には「環境、社会、経済をバランスさせ、世の中全体を持続可能な状態にしていくための取り組み目標」であり、広義ではその目標達成のための活動そのものを指すこともあります。

つまり、CSRが企業視点の活動である（CSR活動をする、しないは企業の考え方次第）

のに対し、SDGsは国際社会からの要請であり、企業も社会の一員として、目標達成に向けた取り組みが求められることになります。そのため、何らかの取り組みをしていることが明らかでない場合には、企業活動に悪影響が生じることも考えられます。

2. 共感マーケティングアプローチ

2019年9月、米国ニューヨークで開催された「国連気候行動サミット2019」の場で、スウェーデンから参加した当時16歳のグレタ・トゥーンベリさんは、各国政府の気候変動に対する取り組みの甘さを強く批判し、一刻も早い対策を打つことの重要性を涙ながらに訴えました。

この演説は世界中から注目を集め、全世界で気候変動について深く考えるきっかけとなりました。

近年、環境活動家として世界的に知られるようになったグレタさんを象徴的な存在として、環境問題に強い関心を抱く若者たちが多くなっています。

インターネットの普及とともに成長してきた「ミレニアル世代」（1980年もしくは1981年から1995年の間に生まれた世代）や、生まれたときからインターネットが当たり前の環境で育った「Z世代」（1996年から2015年の間に生まれた世代）がその代表で、地球環境であったり、ＣＯ2削減であったり、サステナビリティに敏感な世代です。

この世代の共感を得て、販売につなげようという企業の取り組みが、共感マーケティングアプローチです。

これまでの利益を第一に考えた戦略から、地球環境の保護を第一にした戦略への転換が必要になりますが、思い切って振り切らなければミレニアル世代、Ｚ世代を取り込むことはできません。企業として勇気ある決断が必要です。

3. パーパスアプローチ

「自社がなぜ存在するのか」を定義し、目的達成のために社員一人ひとり一丸となって社会に貢献するというのが「**パーパス経営**」です。

パーパス経営の主語は、従業員一人ひとりの「We（われわれ）」です。給料の多寡は入社の決め手にはならず、自分たちのもっている考え方と、会社の考え方が共鳴するかどうか、実現したいことが同じかどうかを重視します。

パーパス経営と対比される考え方に「ミッション経営」があります。

目標に向かって全社で取り組むという点ではよく似ていますが、ミッション経営の主は「会社」で、従業員は従、目標設定も、会社から与えられたものです。

共感マーケティングのサステナビリティは、マーケットの変化に対応することが目的や外部からの要請ですが、このパーパス経営におけるサステナビリティは、サステナビリティに取り組むこと自体が自社の存在理由になります。受動的になるのが共感マーケティングであり、能動的なものがパーパスです。

また、一般的なビジネスモデルにおけるサステナビリティは、ビジネスのなかにサステナビリティの要素を部分的に取り込むことになりますが、パーパス経営においてはサステナビリティそのものがビジネスモデルになっている、という考え方です。

4. コストダウンアプローチ

サステナビリティの実践が、コストダウンにつながることもあります。

たとえば、内容量を変更せずに梱包を小さくできれば、それだけ梱包資材の使用量が減り、場合によっては同じ数量を運ぶのにより少ないトラック台数で済むようになります。その結果、送料ダウンや資材費の削減につながります。また配送に使うトラック台数を減らせれば、トータルでの配送距離の減少につながり、CO2の排出量削減にも貢献できます。

よく、サステナビリティを実現するには、新たなコスト負担が必要になる、ということ

■「ステークホルダー（利害関係者）」を広げて考える

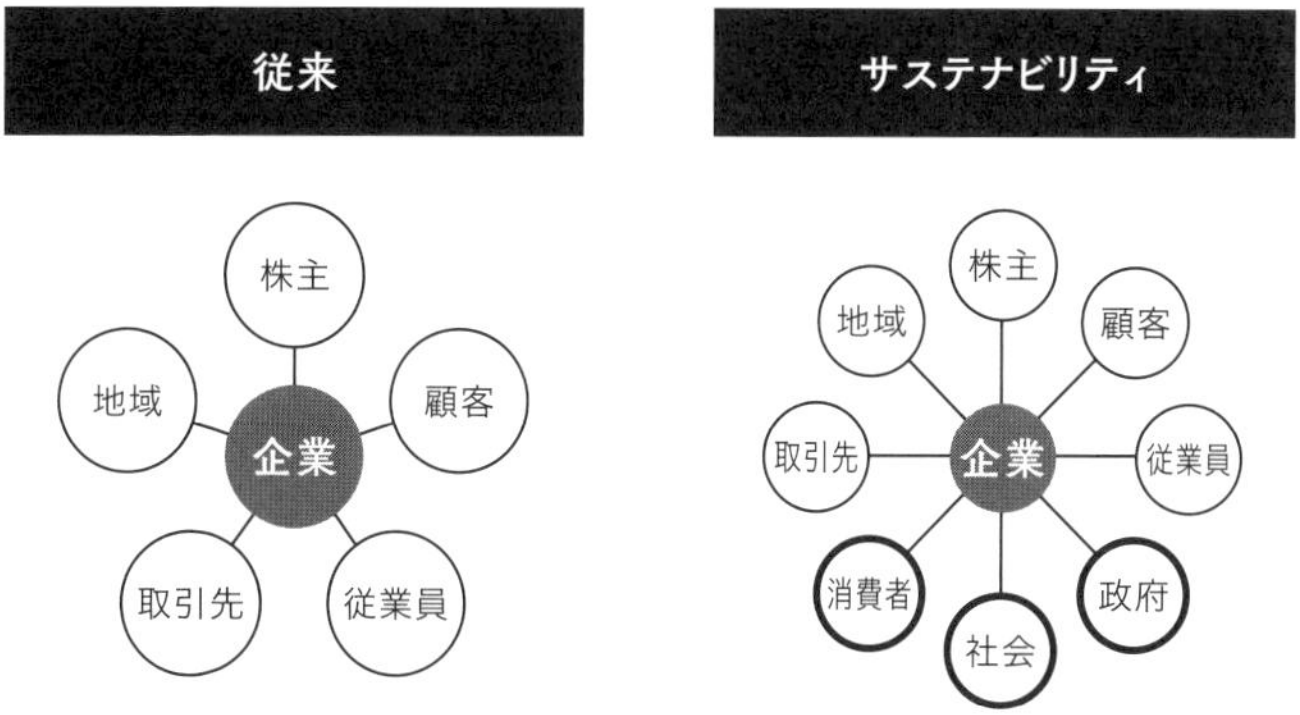

がいわれます。たしかに、サステナブルな取り組みを導入する際には、一時的に負担感が増すこともあります。しかし、それも中長期的に見れば、コストダウンの実現、ひいては、利益を増やすことにもつながる、というのが、コストダウンアプローチの要旨です。

従来、企業経営におけるステークホルダー（利害関係者）というと、株主、顧客、従業員、取引先、地域をイメージしてきました。しかし、サステナビリティを考慮した企業戦略においては、その枠組みを、政府、社会、消費者に広げ、これらを一体のものとして考えていく必要があります。

政府については、とくにSDGsへの取り組みが遅れている日本では、今後政府から精緻な達成計画が提示されるかもしれません。社会に対しては、サステナブルな社会を実現していかなければ地球そのものがもたなくなるというリスクがあり、企業も、自身の存在のためにサステナブルな社会の実現に積極的に取り組む必要があります。従業員も、自分たちがサステナビリティの実現に貢献したいという気持ちは強いでしょう。消費者に関しては、とくにリステナブルであることに敏感なZ世代やミレニアル世代を意識していくことが重要です。

政府、社会、消費者は、一体化し、循環サイクルを構成しています。サステナビリティを考えた差別化戦略は、これらのうち、どれかひとつを意識すればよいということはなく、すべてのステークホルダーを重視していかねばなりません。

アマゾンのサステナビリティへの取り組み

目標を5年前倒しする

アマゾンは、サステナビリティに積極的に取り組んでいます。同社のサステナビリティレポートには、アマゾンが展開するすべての事業にわたって、サステナビリティを優先することが明記され、そのために達成するべく目標がコミットメントとして掲げられています。

2040年までに**ネットゼロカーボン**（温室効果ガスの排出量実質ゼロ）を達成するという「気候変動対策に関する誓約（The Climate Pledge）」です。

この誓約にもとづき、2025年までに100%再生可能エネルギーによる事業運営をめざしています。当初、2030年の達成目標でしたが、2022年時点で、全世界で

400件を超える風力・太陽光発電プロジェクトにより、アマゾンの消費電力の90％が再生可能エネルギーによる電力で賄われており、クリーン水素をはじめとして、新たなエネルギー技術への投資やイノベーションに取り組んでいることから、5年前倒しすることになりました。

アマゾンでは、ネットゼロカーボンを達成するため、さまざまなことに取り組んでいます。ここでは、電動配送車へのシフト、梱包の工夫、再生可能エネルギーの利用を紹介しましょう。

電動配送車へのシフト

主要事業であるECに不可欠な配送に関しては、電動配送車へのシフトを進めています。2輪バイク、3輪自動車を含めると15種類の電気車両を運用しています。2022年には、同社の電動配送車は全世界で9000台を超え、欧米では合計1億4500万個の荷物が配送されました。

また同社も出資する米国の電気自動車メーカーであるリヴィアン（Rivian）に10万台の電動配送車の発注を終えており、米国では5000台以上の車両が全米16か所の配送拠点で稼働、ドイツでも300台が導入されています。

リヴィアンのほかにも、メルセデス・ベンツに1800台を発注。総人口で中国を抜き、世界最多の人口となったインドでは3輪自動車を1万台発注しました。

同社では電気自動車のほか、天然ガスを燃料とする配送車による配送も計画、CNG（圧縮天然ガス）トラック3000台の発注を済ませているといわれています。しかしながら、ロシアのウクライナ侵攻により、天然ガスの供給が不安定になったこともあり、CNGトラックの活用についていては、どこまで進むか不透明です。

環境規制がもっとも厳しいヨーロッパでは、年間1億個の荷物が、ゼロエミッション車両3000台で配達され、そのうち、500万個は人力（自転車）によるものといわれています。

たとえばフランス・パリの場合、電動アシスト付き自転車での配送が多く、全体の3分の2の荷物をゼロエミッション車両で届けています（2021年11月時点）。

米国の場合、ニューヨーク・マンハッタン周辺では、年間3000万個が人力（自転車）によるもので、1日当たり約8万個を運んでいることになります。

アマゾンでは、プライムエアとして、航空便も一部自前で行なっています。ここでは、

2020年から、従来の燃料よりCO2の排出を2割削減できる低炭素航空燃料の利用を進めており、同年には1892万リットルを購入、2021年・22年には2460万リットルにも使用量を増やしています。

日本国内に関しては、電気自動車は、従来車両に比べてパワーが出にくく、フル充電での走行距離も限られることから、トラック事業者を中心に電気自動車を導入するケースがまだ多くありません。とはいえ、ネットゼロカーボンの達成は世界的な課題ですから、アマゾンのような大手物流事業者の間でも、パワーをとるか、地球環境をとるか、選択を迫られています。

梱包を工夫して重量・資材を削減

次に、顧客の手元に届く商品の梱包についてです。

アマゾンでは、注文商品に合わせた梱包を実現するために、長年新たなテクノロジーに投資し、イノベーションを図ってきました。

「段ボール使用を袋対応に」「段ボールのサイズもムダな大きさを省く」といった試みの結果、2015年以降、アマゾン全体で出荷ごとの梱包重量を38％以上、150万トン以

■ ネットゼロカーボンのためのアマゾンの取り組み

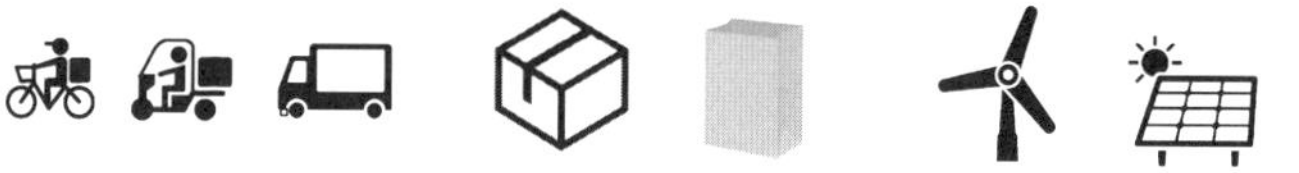

配送	梱包	再生可能エネルギー
• ヨーロッパ 1億個がゼロエミッション車3000台で配達 500万個が人や自転車で配送 • マンハッタン 3000万個が自転車や人で配達	• 重量で38％削減（1出荷梱包当たり） • 150万トンを削減 • AI活用で袋を使い、ダンボールを35％削減 袋は緩衝材を含め75％減量	• 消費電力の90％が再生可能エネルギーで賄われている

上の梱包資材を削減しています。

２０２１年段階での同社の包装資材の使用割合を見ると、段ボールが43％、袋が49％、出荷元・製造元からの簡易包装のみで、アマゾンによる包装作業のない「ゼロパッケージング」が８％となっています。

段ボールから袋への変更は、注文商品の保護に影響を与えない強度を考える必要がありますが、同社の場合、35％が袋への変更が可能になるそうです。

また袋梱包にすると、紙の素材、プチプチ素材の使用の緩衝材有無などによって変わってきますが、段ボール梱包と比べ75％の軽量化が実現できます。

段ボール梱包の場合、これまでは、

同じサイズの箱を使うことにより、コストの削減を図っていましたが、商品によっては、大きな空間ができるため、緩衝材を詰めて商品の保護を行なっていました。そこにＡＩ技術を導入、商品のサイズ、形状に合わせた梱包箱を、その場で自動作成することで、容積ベースで、４割近い（37・４％）段ボール使用量の縮小を実現しています。

では、日本のアマゾンでの梱包簡素化への取り組みはどのようになっているか。

紙袋での配達に加え、メーカー梱包のまま配送ラベルを貼って届ける（ゼロパッケージング）ことも増えてきています。紙袋の場合、トラックでの運搬中などに、他の荷物とぶつかり合って商品に影響が出ることも考えられますが、アマゾンでは、袋梱包の商品は専用コンテナで保護されて運ばれています。

同社では、梱包の簡素化については、梱包資材の削減だけでなく、顧客の開封や梱包資材の処分にかかる手間を省くことにもなり、よりよい買い物体験の提供につながる取り組みとして位置付けています。

再生可能エネルギーで消費電力の90％を賄う

再生可能エネルギーについても、アマゾンは投資を惜しまず、本格的に取り組んでいます。同社は、２０２２年時点で、消費電力の90％が再生可能エネルギーによる電力で賄われており、世界最大の再生エネルギー購入企業といわれています。

また全世界で４００件を超える風力・太陽光発電プロジェクトを進めています。なかでも、南アフリカで進められている太陽光発電プロジェクトは、米オバマ政権時代に計画され、当時、世界最大規模といわれたラスベガスプロジェクト（大規模太陽光発電所に、エネルギー貯蔵設備が併設される）を上回る規模で動き出しています。

現時点で、アマゾンによる再生可能エネルギーの出力能力は20ギガワット以上。１号機から７号機の原子炉を有し、世界最大の原子力発電所といわれる東京電力ホールディングスの柏崎刈羽原子力発電所の出力は約８ギガワットですから、そのスケールの大きさがよくわかります。

アパレル企業の先進的な取り組み

国際貿易開発会議（UNCTAD）によれば、ファッション業界は世界で第2位の汚染産業、世界的に環境負荷の高い産業としています。

それを裏付けるものとして、「ファッション業界により年間930億㎥以上もの水が使用されており、これは500万人の生活に必要な水の量に当たる」「300万バレルもの原油の使用に相当する、50万トンものマイクロファイバーが毎年海洋に廃棄されている」「二酸化炭素（CO_2）排出量に至っては、すべての国際線の航空、海運による排出量の合計を上回る」といったデータが示されることもあります。

そのため、アパレルに関わる事業を展開する企業のなかには、サステナブル経営に力を入れるところが増えています。

サステナブル経営に注力する企業

米国・サンフランシスコ発、オンラインを中心にアパレルを販売するエバーレーン（EVERLANE）は、高品質・低負荷・長寿命の製品を生み出すサプライチェーンを構築、パッケージを簡素化し、消費者への訴求力を高めてきました。

同社の主力商品は、ファッション性が高く、価格もそこそこのものですが、コストの透明性も意識しています。

ある時期には、自社サイトを使って、サプライチェーンに関わる原価をすべてオープンにし、既存のアパレル企業との比較もしていました（現在、そのコンテンツは削除されています）。エバーレーンで原価42ドルで製造されたものが、100ドルで販売されるのに対し、効率的なサプライチェーンを構築できていない他社の場合、販売価格は210ドルになるという内容でした。社内のあらゆる情報を開示し、こういうビジネスを展開している会社であることを広く知ってもらうための試みだったのでしょう。

脱炭素への取り組みもアパレルのなかでは先陣を切っています。

2030年までに、製品の製造過程で、2015年比55％減、店舗と本社で同46％減をめざし、2050年までにネットゼロ・エミッションを達成する計画を発表しています。不要なゴミを極力出さないのはもちろん、化学製品、プラスチック製品の使用を減らす取り組みを進めており、2021年からは再生プラスチック以外のプラスチックは使用していません。

また、2023年までに、使用するコットンは100%オーガニックに切り替えるということも表明しています。

スウェーデンに本社を構える、ファストファッション大手のH&M（エイチ・アンド・エム ヘネス・アンド・マウリッツ）では、オンライン注文に対応した商品を発送する際の梱包は、以前からプラスチック包装を廃止し紙製パッケージに切り替えていましたが、サステナブルをさらに進めて、すべて「**FSC（森林管理協議会）認証**」を得た紙製パッケージに変更しました。

FSC認証は「環境、社会、経済の便益に適い、きちんと管理された森林から生産された林産物や、その他のリスクの低い林産物を使用した製品である」ことを示す自主的なものですが、最も信頼度の高い森林認証制度といわれています。

また、捨てられる衣類を減らし、資源として再利用することを目的として、店舗にて古着回収サービスを展開し、ブランドや状態を問わず、不要になった衣類やシーツ、カーテンなどのホームテキスタイルも回収する取り組みを進めています。

「世界の温室効果ガス排出量の8％は衣料品と履物の製造によるもの」といわれるように、履物に関わる業界も環境負荷の高い産業と考えられています。

2015年に創業されたバーディーズ（Birdies）は、7層のソールを組み合わせ、履きやすさ、快適さを打ち出した靴を販売しています。「医療従事者は2割引き」というように、職業によっては、社会への貢献状況に応じて価格を引き下げて販売することもあります。

同社では**「Bコープ認証」**を取得。Bコープ認証とは、環境や社会に配慮したサステナブルな事業を行なうとともに、アカウンタビリティ（信頼性、説明責任）や透明性など、高い基準を満たした企業のみが取得できる認証です。世界的に知られた企業では、パタゴニア、オールバーズ（Allbirds、サステナブルな靴を製造販売）、ダノン、イソップ（Aēsop、やや高めのハンドソープを製造販売）なども取得しています。

バーディーズでは資材の50％をリサイクル材で賄っています。

輸送の際の二酸化炭素排出量を削減するために、従来ひとつの大箱に12足分を入れていたものを、50足入るものに変更しました。そもそも、同社の靴は実際に履いて動き回る際の快適さを求めたもの。形状もハイヒールではなくフラットなものになっていますから、箱そのものを小さくすることもできます。そして宅配で送る際に梱包した箱そのもので送るように変更しました。

変更した当初には、「（靴は）箱に入れて管理している。この箱ではそれができない」と顧客からクレームが入ったそうです。

しかし、同社がこのクレームに応じることはありませんでした。二酸化炭素の排出を削減することが、同社のパーパスとして掲げられているからです。「靴を一足でも多く売る」ことがパーパスであれば、違った対応になっていたでしょうが、バーディーズの場合「二酸化炭素の排出量削減のための事業を行なう」ことでした。

このとき新たにした箱は、ムダをなくすために、ただ単にコンパクトにしただけというものではありません。外梱包しなくとも、直接、送付状を貼り付ければ、そのまま出荷できるシンプルなものにしました。しかも、開封時の手間を考え、箱には切りこみ線が入っています。切りこみ部分を引っ張っていけば簡単に開封できます。

しかも、この箱はそれだけではありません。開封すると、箱の内側に「YOUR FEET WILL THANK YOU,AND SO DO WE.」とメッセージが印字されています。「（この靴を購入してくれて）あなたの足は喜んでくれるでしょう。われわれもあなたに感謝します」といった意味ですが、同社の靴の機能性をさりげなく訴求することも忘れてはいません。

「POLLAST!C」という素材から作られた発送便用の袋があります。POLLAST!Cは、ニュージーランドに拠点を置き、持続可能な包装を提供しているベター・パッケージング社（Better Packaging Co.）が開発した素材で、同社はＢコープ認証、ＦＳＣ認証をはじめ、地球環境に負荷をかけない事業活動に認められる数々の認証を取得しています。

POLLAST!C製の袋は、見た目はごく普通のもの。しかし主に東南アジアの沿岸地域のビーチや水路から収集された漂流プラスチックを１００％リサイクルして再生したものです。

漂流プラスチックは、何年たっても自然にかえることはありません。そのため、海洋汚染の深刻な原因にもなっています。

この漂流プラスチックを集めることで、東南アジアの沿岸地域の環境をよくすることになり、海洋汚染を減らすことにつながります。また収集に協力してくれた人たちにお金で労働対価を還元することで、その地域の貧困を減らすことに役立つ可能性もあります。

ベター・パッケージング社では、こうした仕組みをつくり、POLLAST!C製品を、ネット通販を通じて世界各地へ販売しています。

リサイクルのための拠点を１０００か所に作っているようですが、まだまだ十分ではないといいます。

企業による社会貢献、かつてはCSR（企業の社会的責任）とも呼ばれ、現在では、SDGsやサステナブルという言い方が一般的になりました。

CSRの時代は、企業体力のある会社が取り組む課題、という印象が強くありましたが、SDGsやサステナブルは、企業体力の有無にかかわらず、あらゆる活動に対して求められています。「自分たちの足腰を強くしてから」ではもはや遅く、最初からその前提で企業活動に取り組んでいかなければ、地球環境の維持が難しくなっているということです。

本章の冒頭で、サステナビリティを考えた差別化戦略には、以下の4つのアプローチ、

1．SDGsアプローチ
2．共感マーケティングアプローチ
3．パーパスアプローチ
4．コストダウンアプローチ

があることを説明しました。

どのアプローチをとるかは、個々の企業の考え方次第です。

しかし、差別化を意識する前に、サステナビリティのためには、まず何ができるか、何をやらなければならないかを考え、一歩を踏み出すことも必要です。

角 井 亮 一 （かくい　りょういち）

1968年生まれ。上智大学経済学部経済学科を３年で単位取得終了し、渡米。ゴールデンゲート大学MBAを1年3か月で取得（マーケティング専攻）。帰国後、船井総合研究所入社。その後不動産会社を経て、光輝グループ入社。物流コンサルティングおよびアウトソーシングの分野で活動。2000年株式会社イー・ロジット創業。2021年に東京証券取引所JASDAQスタンダード市場に上場。物流全般のコンサルティング・セミナー活動などを行なう。日本物流学会理事。著書に『図解　基本からよくわかる物流のしくみ』（日本実業出版社）、『物流戦略見るだけノート』（宝島社）など世界で38冊がある。テレビ・ラジオ出演の他、無料メルマ「物流話」を公開中。

〈問合せ先〉
info@e-logit.com
https://ec-bpo.e-logit.com/

顧客《こきゃく》をつかむ戦略物流《せんりゃくぶつりゅう》

なぜあの企業《きぎょう》が選《えら》ばれ、利益《りえき》を上《あ》げているのか？

2024年１月20日　初版発行

著　者　角井亮一 ©R.Kakui 2024
発行者　杉本淳一

発行所　株式会社 日本実業出版社　東京都新宿区市谷本村町3－29 〒162-0845
編集部　☎03-3268-5651
営業部　☎03-3268-5161　振　替　00170－1－25349
https://www.njg.co.jp/

印 刷／壮 光 舎　　製 本／共 栄 社

ISBN 978-4-534-06074-7　Printed in JAPAN